Landpartie

Heike Götz
Ulrich Koglin
Achim Tacke

Landpartie

Die besten Rezepte aus dem Norden

Heike Götz
Ulrich Koglin
Achim Tacke

EDEL

NDR Fernsehen

Inhalt

Gibt es heute, im Zeitalter von Globalisierung, internationalen Warenströmen und „Coffee to go" überhaupt noch eine regionale Küche? Schmeckt es in einem Restaurant auf Föhr anders als im Harz? Gibt es noch klassische, bodenständige Gerichte? Ist deutsche Küche noch angesagt? Und was bedeutet das überhaupt?

Zum einen wohl sind das die überlieferten Rezepte. Zum anderen bedeutet das für mich, dass die Zutaten (so weit wie möglich) aus der Region kommen und dass sie jetzt Saison haben. Klingt ganz einfach und irgendwie normal. Unsere Omas kochten noch ganz selbstverständlich so. Aber heute, bei dem Überangebot in den Supermärkten, bei permanenter Präsenz (nicht nur von uns selbst per Handy und Internet, sondern auch von Erdbeeren und Tomaten zu jeder Jahreszeit) ist das Einfache so schwer geworden. Viele von uns müssen erst mal „googeln", um zu wissen, wann welches Obst oder Gemüse bei uns reif ist und damit am allerbesten schmeckt und am gesündesten ist. Gleichzeitig haben wir trotz oder wegen aller Technik und allem Komfort die Sehnsucht nach dem Einfachen, Bodenständigen, Langsamen – nach der „guten alten Zeit". Wir wollen gern „Futtern wie bei Muttern" im besten Sinne. Aber wie geht das? Wie hat Mutter oder Oma oder Uroma gekocht? Wie hat sie eine Gans im „Ganzen" zubereitet? Wie hat sie diese einmaligen Bratkartoffeln hinbekommen? Oder wie hat sie den leckeren Sonntagskuchen gebacken?

Bei meinen Landpartien versuche ich das zu erfahren. Ich besuche Köche und Köchinnen, Landfrauen, Bauern und Fischer. Sie alle haben mich in ihre Küchen und Töpfe gucken lassen und mir (und damit den Zuschauern) so manches kleine Küchengeheimnis verraten. Natürlich gehen auch die Köche in den vielen Restaurants, die ich im Norden besucht habe, „mit der Zeit". Aus so manchem „Arme-Leute-Essen" ist inzwischen ein raffiniertes Gericht geworden.

In diesem Buch haben wir viele der Gerichte gesammelt, die ich im Laufe meiner Landpartien mitkochen durfte. Ergänzt sind sie von Achim Tacke und Ulrich Koglin, den beiden Autoren der Sendung, durch Wissenswertes über die Region und kleine Geschichten am Rande. Bei unseren Touren landauf, landab haben wir immer wieder erlebt, dass es sie zum Glück noch gibt: die regionale Küche und damit Unterschiede zwischen Nordsee und Hannover, zwischen Rügen und der Grafschaft Bentheim. Man muss allerdings danach suchen. Und es gibt engagierte Köche und Bauern, die sich ganz bewusst für regionale Produkte und traditionelle Zubereitungen entscheiden.

Ich lade Sie ein auf eine kulinarische Landpartie durch unseren schönen Norden und wünsche Ihnen viel Spaß beim Kochen und Backen in Ihrer heimischen Küche.

Ihre Heike Götz

Rezepte, die Heimatgefühle wecken

und an die Kindheit erinnern

SIMA

Eine Sicht wie aus dem Bilderbuch. Der Brocken, der höchste Berg des Harzes, zeigt sich von seiner prachtvollsten Seite. Hunderte Besucher genießen die Weitsicht über das Mittelgebirge. Nach Norden ist die Silhouette von Braunschweig zu erkennen. Mitten unter den Brockenpilgern ist „Brockenbenno". Er ist seit Grenzöffnung schon über 5.600-mal auf den Berg gestiegen. Der Brocken, sagt er, ist für ihn Heimat. Während der DDR-Zeit sah er ihn Tag für Tag und durfte nie hinauf. Jetzt besteigt er seinen Brocken jeden Tag und bei jedem Wetter. Viele schließen sich ihm an. Auf den Spuren von Goethe und Heinrich Heine geht es hinauf zum geliebten Brocken.

Ganz anders nehmen die Menschen an der Nordseeküste ihre Heimat wahr. Die See war immer Segen und Gefahr zugleich. Die Magie des Wassers bestimmte den Alltag, formte das Leben und machte die Menschen stark. Dies gilt vor allem für die Frauen. Während die Männer zur See fuhren, managten sie das gesamte familiäre und dörfliche Leben. Sie waren die „Finanzminister", die Bürgermeister, die heimlichen Häuptlinge und sie haben auch wesentlich dazu beigetragen die Heimat zu gestalten. Weiter im Hinterland, wo die Marsch zur Geest und in die Moore überging, war Überlebenswille und Kreativität gefragt. Aus wenig viel machen, war die Devise. Es waren die Ärmsten der Armen, die die Moore besiedelten und kultivierten – aber es war auch immer ein Schritt in die Freiheit. Mit einem unglaublichen Einsatz entwässerten sie die Moore, bauten Torf ab und Buchweizen an. Die Unwirtlichkeit wurde Heimat. Und Heimat bedeutete gleichwohl Stolz auf das Erreichte.

Heimat Norddeutschland, das sind die Landschaften zwischen Flensburg und Göttingen, zwischen Oder und Ems. Vielfältig und immer wieder einzigartig. Menschen besiedelten die Moore, gestalteten die Heide und bauten schützende Deiche. Sie schufen in jeder Region eine Architektur, die mit ihrem Baumaterial ein Spiegel der Landschaft war. Jede Region bekam dadurch ihr typisches Bild, das Jahr für Jahr immer mehr Besucher in den Norden zieht.

Himmel und Erde ist eines der beliebtesten Rezepte der norddeutschen Hausmannskost.

Himmel und Erde

Preiswert und sättigend – seit Jahrhunderten ein (Kinder-)Klassiker im Norden. Wenn die Äpfel schön sauer sind und das Mus der Kartoffeln einen kräftigen Geschmack hat, kommen Kindheitserinnerungen auf. Früher war Himmel und Erde, oder „Appel un Kartüffel" wie man auf Plattdeutsch sagt, ein Arme-Leute-Essen. Äpfel und Kartoffeln konnte sich jeder leisten oder hatte sie auf dem eigenen Hof oder im Garten. Speck war und ist auch heute preiswert zu haben. Der Name, ganz einfach, leitet sich von den Äpfeln, die oben wachsen („Himmel") und den Kartoffeln, die unten („Erde") gedeihen, ab.

Zubereitung

Die Kartoffeln schälen, in Stücke schneiden und in Salzwasser kochen. Inzwischen die Äpfel vierteln, schälen, entkernen und in Würfel schneiden. Mit Zitronensaft, etwas Zucker und 3 – 4 EL Wasser in einen Topf geben und etwa 7 Minuten dünsten.

Den Speck in kleine Würfel schneiden. Die Butter in einer Pfanne zerlassen und die Speckwürfel darin bei niedriger Hitze langsam knusprig braten.

Die Kartoffeln abgießen und im Topf zerstampfen. Die Äpfel ebenfalls im Topf zerdrücken, unter den Kartoffelbrei mischen und alles verrühren. Mit Salz, Muskat und Pfeffer abschmecken.

Den knusprigen Speck auf dem Kartoffel-Apfel-Brei verteilen, ggf. das verbliebene Bratfett darübergießen und servieren.

Zutaten für 4 Personen

750 g mehlig kochende Kartoffeln

Salz

750 g saure Äpfel (z. B. Boskop)

1 – 2 EL Zitronensaft

etwas Zucker

75 g durchwachsener Speck

1 TL Butter

Muskatnuss

Pfeffer

TIPP

Traditionell isst man zu „Himmel und Erde" gebratene Blutwurst.

Brennnesselsuppe

Der Gärtner und Landwirt bekämpft sie, jedoch meist erfolglos. Die Brennnessel ist mit ihrem verzweigten Wurzelwerk ein wahrer Überlebenskünstler. Dort, wo Schmalhans Küchenmeister war, ist die Brennnessel seit Jahrhunderten Heilkraut und geschätztes Lebensmittel. David Lehmann, der Leiter des Gewürzmuseums im thüringischen Schönbrunn, erzählt, dass es Zeiten gab, wo die Brennnessel als Lebensmittel Menschen vor dem Verhungern rettete. Heute haben Spitzenköche das Kraut entdeckt und loben den feinen Geschmack. Nur beim Sammeln sollte man Handschuhe tragen, gegart oder gekocht ist sie völlig ungefährlich. Gerade im Frühjahr, weiß David Lehmann, wussten unsere Ahnen die Brennnessel zu schätzen. Sie hat viel Magnesium, Kalzium und Silizium. Sie ist reich an Vitamin A und C (siebenmal mehr als eine Orange.) Aber auch der Eiweiß- und Eisengehalt machen die Nessel zu einer Vitalpflanze, die schnell die Lebensgeister erweckt.

Zubereitung

Die Blätter vorsichtig abzupfen und waschen. Die Butter in einem großen Topf erhitzen und die Brennnesselblätter tropfnass dazugeben. Die Brennnesselblätter dünsten, bis sie zusammenfallen, dann mit Gemüsebrühe aufgießen und alles 5 – 8 Minuten kochen.

Die Suppe im Küchenmixer oder mit dem Mixstab pürieren. Die Stärke mit etwas kaltem Wasser anrühren und in die Suppe geben. Die Suppe mit Salz und Pfeffer abschmecken und nochmals aufkochen lassen.

Die fertige Suppe in tiefe Teller schöpfen und mit je 1 EL Crème fraîche servieren.

Zutaten für 4 – 6 Personen

1 kg junge, frische Brennnesseln

3 EL Butter

1 l Gemüsebrühe

3 EL Speisestärke

Salz, Pfeffer

4 EL Crème fraîche

Das Rezept stammt von David Lehmann aus dem Gewürzmuseum in Schönbrunn (Thüringen).

Grünkohl mit Kasseler,
Pinkelwurst und Bauchspeck

Grünkohl ist Grünkohl! Da können die Nordlichter nur lachen. Grünkohl ist schmackhafter Lokalpatriotismus – mal fein, mal kräftig, mal leicht bitter. Die verschiedenen Grünkohlsorten unterscheiden sich erheblich. Allein die ostfriesische Palme gibt es in über 20 Unterarten. Und dementsprechend verändert sich auch der Geschmack des Kasselers. Wer in die Geschichte der Landwirtschaft ab dem 16. Jahrhundert einsteigen möchte, sollte einen Besuch im Museumsdorf Cloppenburg unbedingt machen.

Zubereitung

Den Grünkohl von Stielen und Strunk befreien und gründlich waschen. Die Blätter in reichlich Salzwasser 6–7 Minuten köcheln. Abgießen und abkühlen lassen. Den abgekühlten Grünkohl gut ausdrücken und hacken.

Die Zwiebeln schälen und in grobe Würfel schneiden. In einem Topf im heißen Schmalz mit Speckschwarte und Kasseler-Knochen anschwitzen. Sobald die Knochen leicht Farbe angenommen haben und die Zwiebeln glasig sind, den Grünkohl dazugeben.

Alles mit Salz, Pfeffer und Senf würzen und mit der Brühe auffüllen. Den Grünkohl zugedeckt etwa 1,5 Stunden köcheln, dabei immer wieder umrühren. Bei Bedarf etwas Brühe zugießen, damit der Grünkohl nicht „trocken" läuft.

Zutaten für 4 Personen

1 kg Grünkohl

Salz

3 große Zwiebeln

100 g Schweineschmalz

500 g geräucherter Bauchspeck (mit Schwarte; ggf. vom Metzger abschneiden lassen)

700 g Kasseler Nacken (mit Knochen; ggf. vom Metzger auslösen lassen)

Pfeffer

1 geh. EL mittelscharfer Senf

500 ml dünne Fleischbrühe

3 EL Hafergrütze

2 Kluntje (ersatzweise 1 TL Zucker)

4 Pinkelwürste

Das Rezept stammt von Christian Funke aus dem Restaurant „Minna am Markt“ in Norden.

Inzwischen den Ofen auf 200 °C vorheizen und das Kasseler in Alufolie gewickelt im Ofen etwa 1 Stunde garen. Den entstehenden Fond nach Belieben zum Grünkohl gießen. Den Bauchspeck in einem Topf in Salzwasser etwa 30 Minuten kochen. Dann die Pinkelwürste dazugeben und alles noch etwa 15 Minuten ziehen lassen.

Nach 1,5 Stunden Garzeit Schwarte und Knochen aus dem Grünkohl nehmen. Die Schwarte klein schneiden, ggf. Fleisch von den Knochen lösen. Schwartenwürfel und evtl. Fleischstücke zum Grünkohl geben und mit Hafergrütze bestreuen. Alles umrühren und aufpassen, dass der Grünkohl nicht anbrennt. Bei Bedarf nochmals etwas Brühe zugießen, die Hafergrütze quillt und entzieht dem Grünkohl Flüssigkeit.

Den Grünkohl mit Kasseler, Pinkelwurst und Bauchspeck servieren.

„Grünkohl ist für mich DAS norddeutsche Winteressen. Von draußen kommen – durchgepustet vom Deichspaziergang, der Arbeit oder dem Bosseln – und dann drinnen in der warmen Küche Grünkohl essen ... eine Wohltat!“
Heike Götz

TIPP

Grünkohl sollte immer heiß serviert werden, mit etwas Senf und natürlich mit Bratkartoffeln. Dazu am besten Pellkartoffeln verwenden, die zwei Tage vorher gekocht wurden und gut durchkühlen konnten.

Heike Götz kocht mit Stefan von Heine auf Rügen rustikal: Schmorgurkensuppe mit Fischeinlage.

Schmeckt wie früher, ist preiswert und einfach gemacht – ausgerechnet im feinen Rügener Badeort Sellin schlägt uns der Hoteldirektor und Koch vor, eine Schmorgurkensuppe zu probieren. Es ist Spätsommer und die Gärten sind voll von Gurken, die verarbeitet sein wollen. Als Einlage, schließlich sind wir auf Rügen, empfiehlt der Koch frisch angebratene Barschfilets, mit Zander- oder Hechtfilets ginge das genauso gut, wie auch mit Lamm- oder Rindfleisch.

Der Hotelkomplex im feinen Sellin ist beeindruckend: Inmitten des traditionsreichen Badeortes Sellin hat ein Ehepaar ein Konvolut halb verfallener Villen zu einem Hotel umbauen lassen, das zum Ambiente des kaiserzeitlich geprägten Sellin passt. Stefan von Heine, quirliger Küchenchef und Hoteldirektor in einer Person, soll dafür sorgen, dass der Laden läuft. Der aus Berlin stammende Koch fährt jeden Morgen von Moritzdorf über Seedorf nach Sellin und bringt, wenn vorhanden, von „seinem" Fischer in Seedorf besonderen Fisch mit ins Restaurant.

So einfach das Gericht auch zubereitet ist, es gibt einen Haken: Es kann vorkommen, dass Schmorgurken ausgesprochen bitter schmecken. Diese Bitterkeit sieht man den Gurken beim Einkauf nicht an. Und wenn sie bereits im Gericht verarbeitet sind, ist es zu spät – die Bitterkeit kann es ungenießbar machen.

Der Koch empfiehlt einen Trick: Man sollte die Schmorgurke immer von oben nach unten, also zum Stiel hin schälen und die ersten fünf Zentimeter am Stielansatz abschneiden. Die Bitterkeit geht immer vom Stiel aus. Dann vorsichtig probieren. Schmeckt die Gurke immer noch bitter, eine weitere Scheibe abschneiden und erneut probieren. Es ist selten, dass die ganze Gurke bitter schmeckt. Nach dem Schälen die Gurke halbieren und die Kerne ausschaben und dann weiter verarbeiten.

Schmorgurkensuppe

Zubereitung

Die Gurken schälen, entkernen und klein schneiden. Die Zwiebeln schälen und in Würfel schneiden. Gurken und Zwiebeln in einem Topf in der heißen Butter anschwitzen. Tomatenmark, Senf und Sahne dazugeben und alles mit Brühe auffüllen. Einmal aufkochen und die Gurken bei niedriger Hitze weich kochen lassen.

G

Die Suppe im Küchenmixer oder mit dem Mixstab pürieren, mit Salz und Pfeffer abschmecken und durch ein feines Sieb streichen. Mit Dill und etwas Koriander verfeinern und mit Korianderblättchen dekoriert servieren.

Zutaten
für 4 - 6 Personen

4–5 Gurken
2 kleine Zwiebeln
2 EL Butter
1–2 TL Tomatenmark
1 TL scharfer Senf
150 g Sahne
400–500 ml Hühnerbrühe
Salz, Pfeffer
1 EL gehackter Dill
gemahlener Koriander
etwas Koriandergrün

„Schmorgurken erinnern mich an warme und lange Sommer-Ferientage. Tante Elfriede und Onkel Fritz hatten einen großen Schrebergarten mit ganz viel Obst und Gemüse. Gurken gab's reichlich: als frischen Salat, süß-sauer eingelegt und eben als Schmorgurken. Einfach und lecker!"

Heike Götz

G TIPP

Als Einlage für die Schmorgurkensuppe eignen sich Fische wie Barsch, Hecht oder Zander sowie kleine Fleischwürfel von Lamm oder Rind.

Das Rezept stammt von Stefan von Heine aus dem Restaurant des Hotels „Park Ambiance" auf Rügen (Sellin).

Klassische Kohlrouladen

mit Hackfüllung

Deutschlands größte geschlossenes Kohlanbaugebiet liegt zwischen Glückstadt an der Elbe und Büsum an der Nordsee in der Region Dithmarschen. Gleich hinterm Deich gedeihen dort seit ziemlich genau 100 Jahren im ganz großen Stil Kohlköpfe bis an den Horizont. Die Felder gleich hinterm Nordseedeich, über den der Seewind überwiegend von West weht, haben sich als idealer Kohlstandort herausgestellt. 80 Millionen Kohlköpfe ernten die Bauern jede Saison. Ein Höhepunkt sind die alljährlichen „Dithmarscher Kohltage" Ende September. Dann wird jeweils eine ‚Kohlregentin' ausgerufen und in dieser Zeit dreht sich in den Dithmarscher Restaurants alles um den Kohl. Der größte Teil der Ernte allerdings wandert in die Konservenfabriken. In der Region betreibt ein Agrarunternehmen Kohlzucht für den internationalen Markt und in der Krautwerkstatt von Wesselburen können Besucher ganz konkret alles über Kohl und Sauerkraut erfahren – inklusive der verschiedensten Rezepte.

„Kohlrouladen … mhhh!!! Ein Essen, das bei Oma am besten schmeckt. Oder irgendwo in Dithmarschen – in der großen Küche bei einem Kohlbauern."
Heike Götz

Zubereitung

Für Kohlrouladen braucht man möglichst große biegsame Blätter. Dafür zuerst vom Kohlkopf die äußeren Blätter entfernen. In einem großen Kochtopf ausreichend Salzwasser aufkochen. Den Kohlkopf mit einer großen Fleischgabel am Strunk aufspießen.

Eine große Schaumkelle unter den Kohlkopf halten und den Kohl etwa 30 Sekunden ins kochende Wasser halten. Dann das äußere Kohlblatt am Strunk mit einem kleinen Messer abschneiden und vorsichtig abziehen. Auf diese Art nacheinander acht bis zehn Blätter abschneiden, beiseitelegen. Damit sich die Blätter gut aufrollen lassen, den harten Mittelstrunk etwas flach schneiden.

Das Brötchen in kaltem Wasser etwa 10 Minuten einweichen und gut ausdrücken. Zwiebel schälen und fein würfeln. Brötchen, Zwiebel, Petersilie, Hackfleisch und Senf mit den Knethaken des Handrührgeräts verkneten und den Hackteig kräftig mit Salz und Pfeffer würzen. Daraus acht längliche Frikadellen formen, jeweils in einem Kohlblatt einschlagen und mit Küchengarn zusammenbinden.

Kohlrouladen in einer Pfanne im heißen Butterschmalz rundum scharf anbraten. Gemüsebrühe zugießen und die Rouladen zugedeckt bei mittlerer Hitze etwa 30 Minuten schmoren, herausnehmen. Tomaten in die Pfanne geben und aufkochen. Sauce binden, mit Salz und Pfeffer würzen und zu den Kohlrouladen servieren.

Zutaten für 4 Personen

1 Weißkohl (ca. 1,2 kg)
Salz
1 Brötchen (vom Vortag)
1 Zwiebel
2 EL gehackte Petersilie
500 g gemischtes Hackfleisch
1 TL Senf
Pfeffer
1 EL Butterschmalz
200 ml Gemüsebrühe
300 g passierte Tomaten
1 EL heller Saucenbinder
Küchengarn

TIPP

Als Beilage gibt's klassisch Kartoffeln.

Das Rezept stammt von Hubert Nickels aus der „Krautwerkstatt" in Wesselburen.

Die Landschaft Angeln an der Flensburger Förde gilt als eine der „reichen“ Regionen im Norden.

Hinter den Hügeln Angelns blinkt immer wieder die Flensburger Förde auf.

Das Rezept stammt von Hans-Peter Hansen, seinerzeit „Gasthaus Unewatt“ in Grundhof.

Schnüsch

Bohnen-Gemüse-Eintopf mit Katenschinken

Wenn im Juni das erste frische Gemüse im Garten geerntet werden kann, dann ist an der Flensburger Förde, in der Region Angeln, Schnüsch-Zeit. Knackige Erbsen, frische Kartoffeln, Kohlrabi, dicke oder auch grüne Bohnen – alles separat und kurz gar gekocht, zu gleichen Teilen verrühren und in heißer Milch ziehen lassen. Ob eher als Suppe oder lieber etwas dicker als Eintopf serviert, das ist reine Geschmackssache. Auf jeden Fall gehört frisch geschnittener Katenschinken als Beilage auf den Teller – eine ideale Ergänzung. Erst im Frühjahr, wenn der Kuckuck gerufen hat, dann war nämlich früher der originale Holsteiner Katenschinken reif. Denn im späten Herbst und Winter war Schlachtzeit und die sparsam eingesalzenen Schinken konnten so monatelang bei niedrigen Temperaturen in den reetgedeckten Räucherkaten im kalten Rauch reifen. Bis heute ist der milde Geschmack des „Holsteiner Katenschinkens" ein fest stehender Begriff, der inzwischen als regionale Marke geschützt ist. Statt „Schnüsch" als frische Beilage zum Katenschinken ist im Norden heute ab Mai der ursprünglich viel wertvollere Spargel gebräuchlich geworden.

Zubereitung

Die Erbsen pulen. Die grünen Bohnen putzen, waschen und in mundgerechte Stücke schneiden. Die grünen und Dicken Bohnen in einem großen Topf in reichlich Salzwasser bei mittlerer Hitze etwa 15 Minuten kochen.

Die Wurzeln und Kartoffeln schälen und in Scheiben schneiden. Mit den Erbsen zu den Bohnen geben und alles noch etwa 20 Minuten garen, dann abgießen.

Die Petersilie waschen, trockentupfen und die Blätter fein hacken. Milch und Butter mit der Petersilie aufkochen und über das Gemüse gießen. Alles mit Salz und Pfeffer abschmecken und heiß servieren. Dazu den Katenschinken reichen.

Zutaten für 4 – 6 Personen

1,5 kg junge Erbsen (in der Schote)

250 g grüne Bohnen

250 g enthülste Dicke Bohnen (ersatzweise TK)

Salz

250 g junge Wurzeln (z. B. Pastinaken, Möhren, Petersilienwurzeln)

250 g neue Kartoffeln

1 Bund Petersilie

750 ml Milch

100 g Butter

Pfeffer

4 – 6 Scheiben Holsteiner Katenschinken

Pommersche Apfelgrieben
und Gänseschmalz nach Art der Vorpommern

Schmalz war jahrzehntelang in der modernen Küche fast ganz verschwunden – das pure ausgelassene Fett von Schweinen, Rindern oder Gänsen als ‚Dickmacher' total verpönt. ‚Zum Wegwerfen viel zu schade' war in vielen Familien zu Weihnachten die Devise, wenn die Gans im Ofen literweise ihr Schmalz in den Bräter tropfte. Das feine Gänseschmalz, oft vermischt mit Schweineschmalz, um es fester werden zu lassen, zählt zu den Kindheitserinnerungen vieler, bei denen heute schon längst keine Weihnachtsgans mehr auf den Tisch kommt.

Sei einigen Jahren allerdings gehören Schmalzvariationen mit Grieben, Apfel- oder Zwiebelstücken und mit Majoran oder Thymian gewürzt, wieder zum Standardrepertoire der „gehobenen regionalen Küche" – zumindest als Gaumenschmeichler, wenn es auf frischen Schwarz- oder Weißbrotscheibchen mit körnigem Salz im Restaurant zur Begrüßung gereicht wird. So ist so mancher, der Schmalz schon seit Kindertagen nicht mehr gegessen hat, wieder auf den Geschmack gekommen.

Gerd Stübe aus Vorpommern hat schon vor Jahren den zeitweise aus der Mode gekommenen Geschmack wieder für sich entdeckt. Im Laufe der Zeit hat er akribisch die fast schon verloren gegangenen Rezepte für die unterschiedlichsten Schmalzubereitungen gesucht und gefunden. Gerade auf dem Lande waren auf den Bauernhöfen die unterschiedlichsten Variationen üblich. Für den leidenschaftlichen Koch war das bald Stoff genug, um die „Pommersche Schmalzmanufaktur" zu gründen, denn die Kunden seines Party-Service waren von seinem Schmalzangebot so begeistert, dass er mit der Herstellung kaum noch nachkam.

Ihm ist bei aller Begeisterung klar, dass Schmalz zwar ein ungeheuer geschmackvolles, aber keineswegs ein diätetisches Lebensmittel ist. Dennoch stolz weist er darauf hin, dass Gänseschmalz beispielsweise eine ähnlich bekömmliche Zusammensetzung an einfach und mehrfach ungesättigten Fettsäuren habe, wie das so viel gerühmte Olivenöl. Also ran an den Speck! Das ist seine Devise.

Zubereitung

Rückenfett waschen, trockentupfen und in möglichst gleichförmige Würfel schneiden (sonst bräunen die Würfel sehr unterschiedlich). In einem Topf unter Rühren bei geringer Hitze auslassen, bis die Fettwürfel eine schöne braune Farbe haben. Die so entstandenen Grieben sofort abseihen und beiseitestellen.

Äpfel und Zwiebel schälen und würfeln. Das Gänseschmalz nicht zu stark erhitzen und die Äpfel und die Zwiebeln dazugeben. Ab und zu umrühren, bis Äpfel und Zwiebeln gut gebräunt sind. Diese ebenfalls abseihen und in die Schüssel zu den Schweinegrieben geben. Das Gänsefett zum Abkühlen kühl stellen.

Für die pommerschen Apfelgrieben Äpfel, Zwiebeln und Grieben mit einer Gabel vermengen oder noch besser durch die mittlere Scheibe des Fleischwolfs drehen. Die Apfelgrieben zum Schluss mit Salz und Majoran abschmecken.

Sobald das Gänsefett eine cremige Konsistenz angenommen hat, die Masse aus Gänsemägen unterheben. Das Gänseschmalz zum Schluss vorsichtig mit Salz (die Gänsemagenmasse enthält schon Salz vom Pökeln) und je nach Geschmack mit Thymian würzen, ohne das feine Aroma der ausgelassenen Äpfel und Zwiebeln zu übertönen. Fertig ist das Gänseschmalz!

Zutaten
für 1 Topf Schmalz, reicht als Brotaufstrich je nach Verbrauch für einige Wochen

500 g festes Schweinerückenfett (von der zahmen Haussau)

200 g säuerliche Äpfel (z. B. Boskop)

200 g Zwiebel

500 g reines Gänseschmalz (aus Flomen)

Salz

Majoran

250 g Gänsemagen (gepökelt, geräuchert und fein durchgedreht)

Thymian

TIPP

Das entstandene Schweinefett abkühlen lassen und für die Herstellung eigener Schmalz-Hausrezepte oder für z. B. hausgemachtes Sauerkraut oder Rotkohl o. ä. verwenden.

Das Rezept stammt von Gerd Stübe aus der „Pommerschen Schmalzmanufaktur" in Torgelow.

„Schmalzstullen durften in den Siebzigern auf keinem Kindergeburtstag und bei keiner Klassendisko fehlen. Schnell zu machen, sättigend und super lecker. Auch bei uns zu Hause stand oft ein Pott Schmalz für ‚die Stulle auf die Hand'. Ich finde es klasse, dass Gerhard Stübe diese Tradition mit seiner ‚Pommerschen Schmalzmanufaktur' wieder aufleben lässt."
Heike Götz

Gerd Stübe, Begründer der „Pommerschen Schmalzmanufaktur".

Vollkornwaffeln

mit selbst gemachter Johannisbeerkonfitüre

Wenn Birgit Luiken mit einer Kindergruppe durch ihren Garten streift, betreten die Kleinen eine Welt, die sie noch nie gesehen haben. Da wachsen Einkorn, Emmer, Gerste, Dinkel, Roggen und alte Weizensorten. Im Sommer, wenn das Getreide reif ist, wird geerntet. Die kleinen Parzellen geben zwar nicht viel her, aber es reicht immer den Kindern zu zeigen, welche Vielfalt seit Jahrtausenden auf den Getreideäckern angebaut wurde. Und damit das Erlebte auch alle Sinne erreicht, werden unter der alten Linde Vollkornwaffeln gebacken. Vollkorn, erfahren die Kinder nebenbei, ist reich an Ballaststoffen, Vitaminen, Ölen und Mineralien. Das soll schmecken? Hört sich ja fürchterlich gesund an! Es schmeckt – und wie! Nachschlag gefällig? Aber klar doch!

Zubereitung

Für den Waffelteig die Butter schmelzen und mit dem Zucker schaumig rühren. Nach und nach die anderen Waffelzutaten hinzufügen und alles gut vermischen. Den Teig in einem Waffeleisen zu Waffeln backen. Fertige Waffeln auf einem Küchengitter abkühlen lassen.

Für die Konfitüre die Johannisbeeren verlesen, waschen, gut abtropfen lassen und in eine Schüssel geben. Mit dem Stabmixer pürieren, dann den Honig und den Gelierzucker dazugeben. Die Masse in einem Topf bei sehr niedriger Hitze erwärmen und mit dem Stabmixer so lange rühren, bis sie zähflüssig ist.

Die Waffeln mit der Johannisbeerkonfitüre und nach Belieben mit frischer Schlagsahne servieren und mit Melisseblättchen garnieren.

Zutaten für 4 Personen

Für die Waffeln

250 g Butter
180 g Rohrzucker
4 Eier
150 g Dinkelmehl (Typ 630)
150 g Weizenvollkornmehl
½ TL Backpulver
1 Prise Salz
1 Päckchen Vanillezucker

Für die Johannisbeerkonfitüre

1 kg frische Johannisbeeren
100 g Honig
1 kg Gelierzucker (1:1)

Das Rezept stammt von Birgit Luiken (Kochen mit Kindern) in Schortens.

Pellkartoffeln „Blaue Schweden"

mit Kräuterquark

Kartoffeln müssen schön gelb sein! Müssen sie? Ganz und gar nicht. Immer mehr Gartenbesitzer und Feinschmecker entdecken alte und neue Kartoffelsorten. Sicher, die Ernte ist nie so vielversprechend wie bei den modernen Sorten, dafür aber stets ein Erlebnis. Der „Blaue Schwede" ist nicht nur etwas fürs Auge – der Geschmack überzeugt auch.

Zubereitung

Die Kartoffeln waschen und mit der Schale in Salzwasser kochen. Anschließend mit kaltem Wasser abschrecken und pellen, warm halten.

Für den Kräuterquark währenddessen die Kräuter waschen, trockentupfen und die Blätter fein hacken, dabei harte Stängel aussortieren. Quark und Schmand verrühren und mit Salz, buntem Pfeffer und Knoblauchpulver abschmecken. Die Kräuter unterrühren.

Die Kapuzinerkresseblüten nicht waschen, nur abschütteln, um evtl. kleine Insekten zu entfernen. Die gepellten Kartoffeln mit dem Kräuterquark auf Tellern anrichten und servieren.

Zutaten für 4 Personen

24 kleine Kartoffeln (Sorte „Blauer Schwede")

Salz

1 Handvoll Kräuter (z. B. Rucola, Petersilie, Schnittlauch; am besten frisch geerntet)

250 g Quark

200 g Schmand

Salz

bunter Pfeffer

Knoblauchpulver

„Was für ein Erlebnis, als ich beim Kartoffelbauern Karsten Ellenberg in der Lüneburger Heide vor ein paar Jahren die ersten blauen Kartoffeln gesehen und probiert habe. Optisch und geschmacklich ein Hit! Die Vielfalt unserer Kartoffeln ist einfach wunderbar. Schön, dass engagierte Köchinnen das den Kindern zeigen."

Heike Götz

Das Rezept stammt von Birgit Luiken (Kochen mit Kindern) in Schortens.

Das Rezept stammt von Annelore und Uwe Klockgether aus der „Kleinen Moorkneipe" in Bockhorn.

Buchweizenpfannkuchen

Der Buchweizen galt lange als das Armeleuteessen. Ob im Moor oder in der kargen Heide, das Knöterichgewächs kam selbst mit den schlechtesten Böden klar. Der norddeutsche Spruch „den Ersten sin Tod, dem Zweiten sin Not, dem Dritten sin Brot" bezeichnet das Elend der Moor- und Heidebauern. Heute ist der Buchweizen „in". Der herbe, nussige Geschmack findet immer mehr Liebhaber.

Zubereitung

Die beiden Mehlsorten in einer Schüssel mischen und das Salz dazugeben. Alles mit den Eiern, dem Kaffee und dem Mineralwasser gut verrühren und den Teig anschließend etwa 2 Stunden quellen lassen.

G

Den Bauchspeck in kleine Würfel schneiden und jeweils eine kleine Portion in einer Pfanne erhitzen. Jeweils etwas Teig darübergießen und auf diese Weise nach und nach dünne Pfannkuchen ausbacken.

Zutaten für 10 – 12 Personen

500 g Buchweizenmehl
100 g Weizenmehl
1 EL Salz
10 – 12 Eier
500 ml Kaffee
500 ml Mineralwasser
etwas geräucherter Bauchspeck

„Wenn irgendwo Buchweizenpfannkuchen auf der Speisekarte steht, bin ich dabei. Herzhaft oder süß – sie sind eine wunderbare Ergänzung unseres Speiseplanes. Mir gefällt auch, dass Buchweizen so ein altes, nahrhaftes und sehr regionales Getreide ist."
Heike Götz

G TIPP

Zu den Buchweizenpfannkuchen passen Apfel- oder Birnenkompott, Preiselbeeren und Zuckerrübensirup (Rübenkraut).

Leben mit dem Meer –
fangfrischer Fisch aus den Seen, dem Meer und den Flüssen des Nordens

Nicht nur an Nord- und Ostsee ist frischer Fisch immer ein Genuss.

Bis ins 19. Jahrhundert war es den Hamburger Bürgern per Gesetz verboten ihren Bediensteten mehr als zweimal pro Woche Lachs oder Stör anzubieten. Die beiden Edelfische waren in Norddeutschland so reichlich vorhanden, dass sie als Billigfisch galten. Lang ist es her! Heute ziehen die Fischer auf Ost- und Nordsee andere leckere Kostbarkeiten aus dem Wasser. Der Ostseehering wird von Feinschmeckern geschätzt und es ist immer wieder ein Erlebnis, in den Häfen frischen Fisch gleich vom Kutter zu kaufen. Ein typisch norddeutscher Schnack gehört natürlich auch dazu. Frischfisch eingehüllt in Seemannsgarn – sozusagen. An der Nordseeküste haben sich die Fischer auf Granat – so heißen dort die Krabben – spezialisiert. Während der mehrtägigen Tour werden die Schleppnetze immer wieder heruntergelassen und wieder eingezogen. Der fangfrische Granat wird dann gleich an Bord gekocht.

Ein Knochenjob, aber keiner der Fischer möchte ihn aufgeben. Das Meer ist ein Stück Freiheit und ein stetes Abenteuer zugleich. Und wer einmal einen Sonnenaufgang auf einem Kutter erlebt hat, versteht die Fischer. Das Meer im glitzernden Rot, Schweinswale und Möwen, die den Kutter begleiten durch eine unendliche Weite. Der Kutter als Mikrokosmos. Alles da und seemännisch geordnet. Das kann sich aber von einem Moment zum andern ändern. Dann wird die See zum grollenden Ungeheuer, der Kutter zur Nussschale, die gegen die Brecher kämpft. Gerade, wenn der „Blanke Hans" an der See tobt, zeigt sich die Verbundenheit der Seeleute untereinander. Wie selbstverständlich riskieren sie ihr Leben, um das Leben der anderen zu retten. Wer kann ihnen da übel nehmen, wenn sie stolz und stark durchs Leben schreiten?

Die älteste Konservierungsmethode von Lachs hat sich bis heute als leckerste erhalten: „Graved Lachs", in dünne Scheiben geschnitten mit einer Senf-Honig-Sauce gibt es fertig in jedem besseren Supermarkt. Er gilt, wegen des sehr hohen Anteils an Omega-3-Fettsäuren, auch als besonders gesund. Dabei heißt „graved" nichts anderes als „eingegraben". Kaum jemand weiß noch, dass man einen 4–5 kg schweren ausgenommenen Lachs einfach nur mit Zucker, Salz und mindestens 500 g frischem gehacktem Dill von allen Seiten dick einzureiben braucht, um ihn dann in Folie gewickelt ca. 3–4 Tage im Garten in ca. 60 cm Tiefe einzugraben. Unter dem Druck der Erde und durch die gleichbleibende Kühle des Bodens ‚gart' der Lachs und entwickelt so einen einzigartigen Geschmack.

Das Rezept stammt von Wilhelm Grube aus „Grube's Fischerhütte" in Winsen (Luhe OT Hoopte).

Lachsforellenfilet auf Lauch
mit Sekt-Butter-Sauce

Am Fuße des Teutoburger Waldes liegt Detmold mit einem der größten Freilichtmuseen Deutschlands. Auf 90 Hektar sind über 100 Häuser aus der Region zu bewundern. Ein Schwerpunkt des Museums ist die Landschaftsökologie. Wie hat sich unsere Kulturlandschaft in den letzten Jahrhunderten verändert? Eine beeindruckende Reise in unsere nähere Geschichte.

Zubereitung

Den Lauch putzen, gründlich waschen und schräg in etwa 1 cm breite Streifen schneiden. Den Lauch mit der Sahne in einen Topf geben und darin weich kochen. In ein Sieb abgießen, die Sahne auffangen und in einem Topf auf etwa 100 ml einkochen. Den Lauch währenddessen warm halten.

Die kalte Butter in etwa walnussgroße Stücke schneiden und unter die Sahnereduktion rühren, sie sollte dabei nicht mehr kochen. Den Sekt zugießen und alles mit dem Stabmixer kurz aufschäumen. Die Sauce mit Salz und Cayennepfeffer abschmecken und warm halten.

Die Lachsforellenfilets in Portionsstücke schneiden und in der Pfanne in wenig brauner Butter auf beiden Seiten je 1 – 2 Minuten braten. Der Fisch sollte in der Mitte noch leicht glasig sein.

Zum Anrichten in der Mitte des Tellers jeweils Lauch setzen, die Lachsforellenfilets darauflegen und die Sekt-Butter-Sauce darum herumgießen. Nach Belieben mit Schnittlauch und Tomatenwürfeln garnieren und mit Salzkartoffeln servieren.

Zutaten für 4 Personen

600 g Lauch
500 g Sahne
100 g eiskalte Butter
100 ml Sekt
Salz
Cayennepfeffer
800 g Lachsforellenfilet
etwas braune Butter

Weißfisch auf dreierlei Art

Aal, Hecht, Zander oder auch Karpfen und Welse sind im Norden so die bekanntesten Speisefische, dabei gibt es in Norddeutschlands Seen zumindest zahlenmäßig viel mehr sogenannter „Weißfische", wie die Angler sagen. Meistens werfen sie die kleinen Karpfenfische wie Brachsen, Rotfedern oder Karauschen, um nur einige zu nennen, gleich nach dem Fang wieder ins Wasser, weil kaum noch jemand weiß, wie die teilweise hervorragend schmeckenden karpfenartigen Fische richtig zubereitet werden. Denn eines haben diese kleinen Leckerbissen gemeinsam: Ihr Fleisch ist meistens von kleinen, feinen Gräten durchzogen, die dem Genuss erstmal entgegenstehen. Dabei gibt es viele alte Rezepte, um diese heute als Delikatesse geltenden Fische lecker zubereiten zu können. Im Archiv des sehenswerten Freilichtmuseums Mueß bei Schwerin schlummern viele solcher Rezepte, dienen heute Jungköchen während ihrer Ausbildung als Anregung. Die Weißfische lassen sich teilweise durch geschickte Messerführung doch filetieren oder so zubereiten, dass die feinen Gräten keine Gefahr mehr darstellen. Ganz traditionell können die Fische in Essig oder Zitronensaft mariniert werden. Der Effekt: Die Säure löst den Kalk der Gräten auf, so dass sie nicht mehr zu spüren oder zu schmecken sind. Sehr beliebt waren früher auch Fischklößchen aus Weißfisch. Dabei werden die Gräten derartig zerkleinert, dass von ihnen kaum etwas übrig bleibt.

Zubereitung

Zutaten für 4 Personen

1–1,5 kg Weißfische (zerlegt: z. B. Plötze/Rotauge, Bleie/Brachse, Brassen)

5 EL Mehl

1 Ei

1–3 EL Paniermehl

1 Zwiebel

1 Bund Suppengrün

1 Lorbeerblatt

5 Pfefferkörner

Salz

1 Pastinake

2 Eigelb

2 EL Sahne

Butter zum Braten

Saft von einer ½ Zitrone

Die dicken Rückenstücke in etwa 2 cm breite Streifen schneiden und in 3 EL Mehl wälzen. Die dünnen Bauchlappen mit der Fischleber fein wiegen und mit Ei und Paniermehl zu einer feinen Fischmasse verarbeiten, kühl stellen.

In einem großen Topf mit 2 l Wasser einen Fond ansetzen: Die Zwiebel sowie die Hälfte des Suppengrüns ggf. putzen, schälen und grob zerkleinern. Mit Lorbeer, Pfefferkörnern und Salz in das Wasser geben, Gräten, Haut und Köpfe hinzufügen. Den Fond aufkochen und etwa 10 Minuten kochen lassen. Dann alles durch ein Sieb passieren und den Fond in einem Topf auffangen.

Die Pastinake und das übrige Suppengrün ggf. putzen, schälen und in feine Streifen schneiden. Die Streifen im Fischfond weich kochen.
Mit einem Teelöffel Klößchen von der Fischmasse abstechen und in der Fischbrühe in 12–15 Minuten gar ziehen lassen. Inzwischen die bemehlten Fischstreifen in der Pfanne in der Butter bei mittlerer Hitze hellbraun braten, warm halten.

Fischklößchen und Gemüsestreifen mit einer Schaumkelle aus dem Fond heben und auf einem vorgewärmten tiefen Teller warm halten. Fischfond mit 2 EL mit kaltem Wasser angerührtem Mehl binden und etwa 5 Minuten kochen. Eigelb und Sahne verquirlen und den Fond damit legieren.

Zum Schluss die heiße Sauce mit etwas Zitronensaft abschmecken und über die Fischklößchen geben. Die gebratenen Fischstücke auf den Tellerrand setzen und alles nach Belieben mit frischem Brot servieren.

Das Rezept stammt von Ute Fähnrich/Freilicht- und Volkskundemuseum Schwerin.

Gefüllter Zander
mit Schmanddip

Feinster Fisch aus der Elbe – der Zander. Die Wildfänge decken längst nicht mehr den Bedarf an dem köstlichen Fisch ab. Wilhelm Grube, Elbfischer aus Hoopte bei Hamburg, will den Zander züchten. Die ersten Versuche sind vielversprechend. Sein Ziel: Frisch auf den Tisch.

Zubereitung

Den Zander entschuppen und ausnehmen, dann 1,5–2 Stunden in eine 20%ige Salzlösung legen. Anschließend herausnehmen, waschen und trockentupfen.

Für die Füllung die Zwiebel schälen und in Scheiben schneiden. Die Paprikaschoten putzen, waschen und in Streifen schneiden. Den Ingwer schälen und in Scheiben schneiden.

Den Ofen auf 200 °C vorheizen. Den Zander mit Zwiebel, Paprika und Ingwer füllen, in Alufolie wickeln und im Ofen 40–50 Minuten garen.

Für den Dip die Füllung aus dem Zander nehmen, den Zander wieder in die Folie einwickeln und warm halten. Das Füllgemüse mit dem Schmand im Küchenmixer oder mit dem Mixstab pürieren und mit Salz und Pfeffer abschmecken. Den Zander mit dem Schmanddip servieren, nach Belieben mit Zitronenscheiben belegen.

Zutaten für 4 Personen

1 Zander (ca. 1,5 kg)
Salz
½ Gemüsezwiebel
je ½ rote, grüne und gelbe Paprikaschote
etwas frischer Ingwer
3 EL Schmand
Salz, Pfeffer

„Mit einem Fischer raus aufs Wasser – das ist immer wieder ein ganz besonderes Erlebnis. Schon oft durfte ich für die ‚Landpartie' bei den handfesten und sympathischen Männern an Bord und ihnen bei ihrer schweren Arbeit zuschauen. Rau ist die See oder auch ganz ruhig und manchmal ist eine Seefahrt richtig lustig (s. rechts)."
Heike Götz

Fischen kann so lustig, entspannend und informativ sein.

Das Rezept stammt von Wilhelm Grube aus „Grube's Fischerhütte" in Winsen (Luhe OT Hoopte).

Gefüllter Zander mit Schmanddip.

Scholle Probsteier Art

mit Stickelbeermus und Förtchen

Scholle, Butt, Flunder oder Kliesche – alles sind Plattfischarten, die je nach Küstenregion unterschiedlich zubereitet und serviert werden – mit Stachelbeerkompott auf dem Teller (holsteinisch), Speckwürfeln dabei (Finkenwerder Art) oder Krabben obendrauf (Touristennepp). Das Grundrezept ist immer das gleiche – man brate eine Scholle in Speck oder Butter von beiden Seiten schön braun, dazu gibt's Kartoffeln und Salat.

Finkenwerder Art: Im uralten Fischerdorf Finkenwerder an der Elbe werden die Schollen vor dem Braten mit Pfeffer und Salz gewürzt und leicht bemehlt. Dann kommt klein gewürfelter Speck in die Pfanne. Ist das Fett ausgelassen, fischt man die krossen Speckwürfel heraus und stellt sie warm. Das Speckfett wird auf zwei große Pfannen verteilt und die Schollen werden darin auf beiden Seiten goldbraun angebraten – nicht zu lange, denn Fisch gart ab 60 °C. Der Fisch wird mit der weißen Seite nach oben angerichtet und mit den warmen Speckwürfeln serviert.

Mit Krabben: Gibt es meistens in Touristenrestaurants an der Küste. Dabei geht der feine Krabbengeschmack neben dem der angebratenen Schollen völlig unter und die Krabben haben oft genug durch die Wärme der gebratenen Scholle eine gummiartige Konsistenz. Weil echte Nordseekrabben von Haus aus edel und damit teuer sind, verwenden viele Restaurants die weitgehend geschmacksneutralen Tiefseekrabben und verlangen trotzdem mehr fürs Gericht.

Probsteier Art: „Fisch, Förn, Stickelbeermus": Pro Person wird ein Goldbutt wie hier beschrieben angebraten und dazu gibt es Stachelbeerkompott aus grünen, also noch unreifen Stachelbeeren. Statt Kartoffeln gibt es dazu Förtchen, auch Förn oder Futjens genannt. In der Probstei, einem Landstrich zwischen der Kieler Förde und der Ostsee um den Ort Schönberg herum, ist „Fisch, Förn, Stickelbeermus" das klassische Gericht zu Pfingsten. Förtchen waren im Norden jahrhundertelang bis in die 1950er Jahre das traditionelle Neujahrsgebäck, bis sie auch hier durch den Berliner Pfannkuchen verdrängt wurden. Die Kombination von süß und salzig ist ganz typisch für die norddeutsche Küche, der „Mehlbüdel" mit Kirschen wird beispielsweise gerne mit geräucherter Schweinebacke kombiniert (Dithmarschen) oder der Schweinebraten mit Pflaumen serviert (Mecklenburg).

Zubereitung

Schollen kalt waschen, trockentupfen und mit Zitronensaft säuern, etwa 10 Minuten ziehen lassen. Speck klein würfeln. Schollen trockentupfen, salzen und pfeffern und in Mehl wenden.

Speckwürfel in einer großen Pfanne in der Butter ausbraten. Mit einer Schaumkelle aus der Pfanne heben und beiseitestellen. Schollen nacheinander im heißen Speckfett auf jeder Seite in 4–5 Minuten goldbraun braten, warm halten.

Für das Stickelbeermus die Stachelbeeren putzen und waschen. Mit wenig Wasser in einem Topf weich kochen und mit der Stärke andicken, kühl stellen. Dann das Eigelb mit Zucker schaumig rühren und unter die abgekühlten Stachelbeeren rühren.

Für die Förtchen Hefe mit Zucker und Milch in einer Tasse verrühren und zugedeckt gehen lassen. Dann Mehl mit Kardamon und Mandeln verrühren, die angerührte Hefe dazugeben und die Sahne und das Eigelb unterrühren.

Eiweiß steif schlagen und unter den Teig heben. Alles an einem warmen Ort zugedeckt etwa 20 Minuten gehen lassen. Dann aus dem Teig mit zwei Esslöffeln kleine Klößchen abstechen und in einer gebutterten Förtchenpfanne (auch Pförtchenpfanne oder Krapfenpfanne) vorsichtig rundum braun backen.

Die Scholle mit Speckwürfeln, Stickelbeermus und Förtchen servieren.

Zutaten für 4 Personen

Für die Scholle

4 ganze Schollen / Goldbutts oder Klieschen

Zitronensaft

200 g durchwachsener Speck

Pfeffer, Salz

Mehl zum Wenden

1 EL Butter

Für das Stickelbeermus

1 kg unreife Stachelbeeren (Stickelbeeren)

2 EL Speisestärke

4 Eigelb

ca. 350 g Zucker

Für die Förtchen

1 Würfel Hefe (42 g)

1 TL Zucker

250 ml lauwarme Milch

300 g Mehl

½ TL Kardamom

50 g fein gehackte Mandeln

125 g Sahne

5 Eigelb

9 Eiweiß

Salz

Butter zum Ausbacken

Altes Familienrezept aus der Probstei.

In Petersilie gebackenes Hechtfilet

mit Kartoffelstampf und Möhrenvinaigrette

Robert und Christiane Stolz haben sich mitten in Plön, in einem ehemaligen Pastorat am See, einen Traum verwirklicht: Gemeinsam betreiben sie dort ein Hotelrestaurant. Robert Stolz gehört zu den Initiatoren der „Feinheimischen", einem Verbund schleswig-holsteinischer Köche, die bevorzugt regionale Zutaten der Saison verarbeiten. Sein Wissen um die unkonventionelle Zubereitung delikater Speisen mit regionalen Zutaten vermittelt Robert Stolz in Kochkursen. Die Zutaten für seinen Hecht könnten alle aus dem Umkreis von 100 Metern um sein Restaurant herum stammen: Von der Terrasse führt ein wunderschöner Weg durch den Kräuter- und Nutzgarten bis direkt an den See herunter, in dem die Hechte zu Hause sind.

„Ein Haus zum Wohlfühlen ... und sehr gut essen."
Heike Götz

Das Rezept stammt von Robert Stolz aus dem „Restaurant Stolz" in Plön.

Zubereitung

Die Petersilie waschen, trockentupfen und die Blätter in einen Mixer geben. Die Toastscheiben entrinden und mit der Petersilie im Mixer klein hacken.

Die Hechtstücke kalt waschen, trockentupfen und salzen. Zuerst im Mehl wenden, dann durch das verquirlte Ei ziehen. Zuletzt in den Petersilienbröseln wenden und die Panade gut andrücken. Hechtfilets in einer Pfanne im heißen Öl von beiden Seiten etwa 5 Minuten knusprig braten. Auf Küchenpapier abtupfen, warm halten.

Für den Stampf die Kartoffeln mit der Schale in Salzwasser kochen, anschließend pellen. In einem Topf Butter und Rapsöl zerlassen und die Kräuter darin anschwitzen. Den Topf vom Herd nehmen und die heißen Kartoffeln zerdrückt dazugeben. Die Crème fraîche hinzufügen, alles mit Salz und Pfeffer würzen und mit einer Gabel grob zerdrücken, warm halten.

Für die Vinaigrette die Möhren schälen. ½ Möhre fein würfeln, den Rest in feine Scheiben schneiden. Die anderen Gemüse ggf. putzen, schälen und fein würfeln. Das Weizengrasöl in einem Topf erwärmen und das Gemüse darin farblos anschwitzen.

Das Gemüse mit Zucker und Salz würzen und mit etwas Mineralwasser ablöschen. Alles in etwa 5 Minuten knackig garen, dann vom Herd nehmen und mit Zitronensaft, Kapern und Limettenöl abschmecken. Die Vinaigrette soll einen süß-sauren Charakter haben. Zuletzt mit etwas Schlagsahne vermengen.

Den Kartoffelstampf in tiefen Tellern in der Mitte etwa 2 cm hoch anrichten (am besten mit einem Ring). Die Möhrenvinaigrette darum herumverteilen und je zwei Hechtfilets auf den Stampf setzen. Nach Belieben mit Kräutern und Kapuzinerkresseblüten garnieren.

Zutaten für 4 Personen

Für das Hechtfilet

2 Bund glatte Petersilie

10 Scheiben Toast

8 Hechtfilets (à ca. 80 g)

Salz, 4 EL Mehl

1 Ei, Öl zum Braten

Für den Kartoffelstampf

400 g mehlig kochende Kartoffeln

Salz

2 EL Butter, 2 EL Rapsöl

2 EL gehackte Kräuter (z. B. Petersilie, Majoran, Kerbel, Estragon, Dill)

1 EL Crème fraîche

Pfeffer

Für die Möhrenvinaigrette

4 Möhren

2 Schalotten

je 50 g Fenchel und Stangensellerie

3 EL Weizengrasöl

etwas Rohrzucker

Salz

etwas Mineralwasser

Saft von 1–2 Zitronen

1 EL feine Kapern

1 EL Limettenöl

2 EL geschlagene Sahne

Muschelgulasch à la Nakuk

Ein Traum wurde wahr. In Horumersiel fand das Ehepaar Judick den Ort, wo sie ihre Vorstellungen von Kunst, Kulinarischem und Natur verbinden konnten. Das alte friesische Bauernhaus ist ein wahrer Kulturtempel geworden. Abseits von den Touristenströmen ist das Nakuk eine Oase der Besinnlichkeit.

Zubereitung

Die Miesmuscheln gründlich wässern und abbürsten, bereits geöffnete Muscheln entfernen. Das Suppengrün gründlich waschen und klein schneiden.

Das Gemüse in einem großen Topf im heißen Öl anschwitzen und die Muscheln mit Lorbeer, geschältem Knoblauch und Pfefferkörnern dazugeben. Mit Gemüsebrühe (oder Fischfond) und Weißwein auffüllen und mit 1 Prise Salz und etwas Zucker würzen. Die Muscheln aufkochen und zugedeckt etwa 5 Minuten garen, bis sie sich öffnen, noch geschlossene Muscheln entfernen. Anschließend das Muschelfleisch auslösen. Den Kochsud durch ein Sieb geben und etwas einköcheln lassen.

Für das Gulasch die Zwiebel schälen und klein würfeln. Die Möhren und den Kohlrabi schälen und in grobe Stücke schneiden. Alles in einem Topf im heißen Olivenöl anbraten, Thymian, Kräuter der Provence und den Muschelfond dazugeben und das Gemüse bissfest garen.

Die Tomaten überbrühen, abschrecken und häuten. Die Kerne entfernen und das Tomatenfleisch in Würfel schneiden. Dann zum Gemüse geben und kurz weich kochen, mit Kräutersalz und etwas Pfeffer abschmecken.

Zum Schluss das Muschelfleisch unter das Gulasch heben und darin aufwärmen. Nach Belieben mit Sud oder Tomatensaft verlängern. Mit gehackter Petersilie bestreuen.

Zutaten für 4 Personen

Für die Muscheln

2 kg Miesmuscheln
1 Bund Suppengrün (Zwiebeln, Sellerie, Lauch)
1 Lorbeerblatt
1 kleine Knoblauchzehe
4–5 Pfefferkörner
125 ml Gemüsebrühe (oder Fischfond; Glas)
125 ml Weißwein
Salz
Zucker
Öl zum Braten

Für das Gulasch

1 Gemüsezwiebel
2 Möhren
1 Kohlrabi
2 EL Olivenöl
1 Zweig Thymian
1 TL Kräuter der Provence
4 Tomaten
Kräutersalz
Pfeffer
2 EL gehackte Petersilie

Das Rezept stammt vom Küchenchef Ulrich Judick aus dem „Friesischen Landhotel Nakuk“ in Horumersiel.

In Lübeck-Travemünde sitzt Koch Bruno Hillmann direkt an der Quelle: Keine 1000 Meter von ihm entfernt landen die Ostseefischer regelmäßig ihre Fänge an – und er ist als Koch im Restaurant „Holsteins" bei ihnen regelmäßiger Kunde. Landestypische Zutaten der Saison, vielfach von lokalen Erzeugern, dieses Konzept ist auch im Norden in Mode gekommen. Etliche Köche und Erzeuger haben in Schleswig-Holstein dafür gleich einen Verein gegründet, der sich als „Bewahrer und Förderer einer genussvollen, nachhaltigen und regional geprägten Esskultur in Schleswig-Holstein" versteht.

Das Holstentor ist das Wahrzeichen der Hansestadt Lübeck, einst „Königin der Hanse".

Im „Columbia Hotel“ kocht Bruno Hillmann im Restaurant „Holstein's“ ländlich-fein.

Gedünstetes Dorschfilet
mit Spargel-Tomaten-Gemüse und Limettensauce

Zubereitung

Die Kartoffeln waschen und mit der Schale mit etwas Kümmel in Salzwasser kochen, anschließend pellen. Warm halten und zum Servieren nach Belieben in gehackter Petersilie wälzen.

G

Für die Limettensauce den Sellerie schälen, fein würfeln und in einem Topf in der heißen Butter anschwitzen. Mit Fischfond ablöschen, Limettenzesten dazugeben und alles einkochen. Die Sauce mit Sahne aufgießen und mit Salz, Zucker und nach Belieben mit einem Schuss Wermut abschmecken, warm halten.

G

Die Dorschfilets kalt waschen, trockentupfen und in einer Pfanne in wenig Butter anbraten. Mit Salz bestreuen, 1 Zweig Estragon mit in die Pfanne legen und den Weißwein angießen. Zugedeckt bei niedriger Hitze 4–6 Minuten gar ziehen lassen.

G

Die Strauchtomaten überbrühen, abschrecken und häuten. Die Kerne entfernen und das Tomatenfleisch in Streifen schneiden. Den Spargel schälen, putzen, schräg in Scheiben schneiden und in etwas Butter anbraten. Mit Limettensaft, Salz und Zucker würzen. Die Tomatenstreifen hinzufügen und mit etwas Estragon abschmecken. Die Dorschfilets auf Tellern mit dem Spargel-Tomaten-Gemüse und der Limettensauce anrichten.

Zutaten für 4 Personen

400 g kleine Kartoffeln
Kümmel
Salz
800 g Dorschfilet
Butter zum Braten
2 Zweige Estragon
125 ml Weißwein
4 Strauchtomaten
750 g weißer Spargel
etwas Limettensaft
Zucker

Für die Limettensauce
50 g Sellerie
1 EL Butter
200 ml Fischfond (Glas)
Zesten von 1 Limette
100 g Sahne
Salz
Zucker
Wermut (nach Belieben)

Das Rezept stammt von Bruno Hillmann aus dem Restaurant „Holstein's" in Lübeck.

Wallerfilet mit Roter Bete

und frittiertem Rucola

Bernd Harnisch ist als Koch um die Welt gezogen und hat schließlich im Artland seine neue Heimat gefunden. Voller Neugier stürzt er sich in die Region auf der Suche nach Spezialitäten. Der Kontakt zu Landwirten, Fischern und Gärtnern ist ihm wichtig. Im Dialog mit den Produzenten sucht er nach immer höherer Qualitätsverbesserung. Das Artland bietet mit seiner reichen Landwirtschaft eine gesunde Basis dafür.

Rapsfelder sind die Boten des Frühjahrs.

Zubereitung

Den Ofen auf 180 °C vorheizen. Die Rote Bete waschen, in Alufolie wickeln und im Ofen 1 – 1,5 Stunden schmoren. Danach abkühlen lassen, schälen und in gleich große Scheiben schneiden.

Zwiebeln schälen und grob würfeln. Die Karkassen in 1 l kaltem Wasser mit Zwiebeln, Lorbeer und Salz ansetzen und langsam aufkochen. Alles etwa 20 Minuten köcheln, dann vom Herd nehmen und abkühlen lassen. Anschließend durch ein feines Sieb filtern, den Fond auffangen und bis zur weiteren Verwendung kühl stellen.

Rucola waschen, trockentupfen und im heißen Rapsöl bei 160 °C knusprig frittieren. Die Wallerfilets kalt waschen, trockentupfen und in einer ofenfesten Pfanne in heißem Olivenöl anbraten. Anschließend im Ofen bei 120 °C in wenigen Minuten gar ziehen lassen.

Inzwischen etwa 200 ml Wallerfond in einem Topf bei mittlerer Hitze auf die Hälfte einkochen lassen. Die kalten Butterwürfel mit einem Mixstab in den Fond rühren. Auf Teller jeweils etwas Fond geben und vier Scheiben Rote Bete dazulegen. Den Waller darauf anrichten und den frittierten Rucola daneben verteilen. Nach Belieben mit gemischten Kräutern garnieren.

Zutaten
für 4 Personen

2 Rote Bete (à ca. 200 g)

300 g Zwiebeln

1 kg Wallerkarkassen (Gräten, Haut und Köpfe)

2 Lorbeerblätter

1 TL Salz (5 g)

250 g Rucola

200 ml Rapsöl

4 Wallerfilets (à ca. 120 g; ohne Haut)

100 g kalte Butterwürfel

Olivenöl zum Braten

Das Rezept stammt von Bernd Harnisch aus dem „Heuhotel Hildebrand“ in Badbergen.

Wallerfilet mit Roter Bete und frittiertem Rucola.

Die berühmte Teterower Hechtsuppe

Der Hecht ist seit Generationen das Symboltier der Stadt Teterow. Um das ultimative Rezept für eine Hechtsuppe zu finden, hat der Seniorenrat der Stadt einen Wettbewerb ausgeschrieben. Die Siegersuppe darf sich jetzt „Original Teterower Hechtsuppe" nennen.

Zubereitung

Den Hecht schuppen und ausnehmen, die Kiemen entfernen und den Hecht filetieren. Die Filets kühl stellen. In einem Topf die Reste vom Hecht mit 2 l Wasser ansetzen und mit Salz, Piment, Lorbeer, Pfefferkörnern, Lauch und Zwiebel würzen. Alles aufkochen und etwa 20 Minuten ziehen lassen.

Den Fischfond passieren und mit Safran und Weißwein verfeinern. Mit Salz, Pfeffer und Zucker abschmecken und warm halten.

Für die Hechtnocken ca. 300 g gut gekühlte Hechtfilets in etwa 1 cm große Würfel schneiden und im Blitzhacker pürieren – evtl. in mehreren Portionen. Alles mit Salz, Eiweiß, Dill, Eis und Sahne gut verrühren und eventuell nochmals durch ein feines Sieb passieren, damit alle Gräten entfernt werden.

Aus der Hechtfarce mit zwei nassen Löffeln Nocken formen und in reichlich siedendem Salzwasser in etwa 15 Minuten gar ziehen lassen. Herausnehmen und mit kaltem Wasser abschrecken. Als Gemüseeinlage Möhren und Sellerie schälen und in feine Streifen schneiden. In Salzwasser gar kochen.

Zum Servieren Hechtnocken und Gemüsestreifen aufwärmen und auf Tellern anrichten. Alles mit Hechtfond aufgießen und nach Belieben mit Dillspitzen garnieren.

Zutaten für 4 – 6 Personen

1 Hecht (ca. 2,5 kg)
Salz
5 Pimentkörner
1 Lorbeerblatt
Pfefferkörner (nach Belieben)
70 g Lauch
1 Zwiebel (ca. 70 g)
0,5 g Safran
250 ml Weißwein
Pfeffer
Zucker
2 Eiweiß
50 g Dill
50 g Eiswürfel
300 g eiskalte Sahne
400 g Möhren und Sellerie

Das Rezept stammt von Peer Lenz in der Mecklenburgischen Schweiz.

Fischer Jens Düse in seinem Element: Der erste Fischzug im Herbst mit dem Zugnetz auf dem Teterower See.

Heide-Marie Lübbert, selbst engagierte Hobbyköchin, bereitet mit Heike Götz noch am Anleger die „Original Teterower Hechtsuppe" – frischer geht's nicht. Es war herrlich und geschmeckt hat es allen.

Das Rezept stammt von Stefan Frank aus dem Restaurant „Le Croy" in der Hansestadt Greifswald.

Warmgeräucherter Bodden-Zander

auf Tüftensalat

Im Pommerschen Landesmuseum zelebriert Stefan Frank, der als einer der besten Köche des Landes gilt, eine bezahlbare Küche mit ungewöhnlichen Ideen. Der unkonventionelle Koch, der schon mal in der Küche zum Saxophon greift, liebt besonders Fischzubereitungen und experimentiert mit Schokoladentrüffeln und Frisch-Kräuterfüllungen. Vom avantgardistisch eingerichteten Restaurant aus können seine Gäste direkt in das gerade aufwändig renovierte Pommersche Landesmuseum gehen.

Zubereitung

Die Zanderfilets kalt waschen, trockentupfen und mit Salz und Pfeffer würzen. Den Knoblauch schälen und in Scheiben schneiden. Die Fischfilets mit den Ölen beträufeln und auf ein Räucherblech legen. Mit Kräutern, Knoblauchscheiben und Butter belegen und bei 100 °C im Räucherofen etwa 8 Minuten warm räuchern.

Für den Tüftensalat die Kartoffeln mit der Schale mit Kümmel in Salzwasser kochen, anschließend pellen und in Scheiben schneiden. Die Zwiebel schälen und in feine Würfel schneiden. Den Speck mit der Zwiebel in einer Pfanne anschwitzen und mit Brühe ablöschen. Alle Zutaten in einer großen Schüssel mischen und den Salat mit Salz, Pfeffer, Essig und Petersilie abschmecken.

Zum Schluss den geräucherten Bodden-Zander auf dem Tüftensalat anrichten und nach Belieben mit einem Wildkräutersalat servieren.

Zutaten für 4 Personen

Für den Zander

4 Zanderfilets (à ca. 160 g)
Salz, Pfeffer
1 Knoblauchzehe
2–3 EL Olivenöl
2–3 Limettenöl
1 Zweig Rosmarin
1 Zweig Thymian
etwas Butter

Für den Tüftensalat

400 g kleine gekochte Kartoffeln (vorwiegend festkochend)
Kümmel
Salz
1 Gemüsezwiebel
2 EL Speckwürfel
200 ml Brühe
etwas Pfeffer
3–4 EL Essig
2 EL gehackte Petersilie

Das reetgedeckte Hotel Haferland in Wieck auf dem Darß liegt einerseits direkt am Bodden, aber auch die offene Ostsee auf der anderen Seite der schmalen Landzunge mit den kilometerlangen weißen Sandstränden liegt nur einige Fahrradminuten entfernt. Seit bald 20 Jahren bewirtschaftet Familie Evers das Wellness-Hotel, legt großen Wert auf eine gesunde und regional-typische Küche. Eingerahmt ist das Hotel von einem idyllischen Garten mit den verschiedensten Kräutern und Gemüsepflanzen, die in der Hotelküche eingesetzt werden. In der eigens eingerichteten Lehrküche können Gäste Kochkurse buchen, die von renommierten Köchen der Region angeboten werden. Der „Zander auf Erdfrüchteragout" (Rezept Seite 74) ist nur ein Beispiel dafür, wie lecker das manchmal ungewöhnlich wirkende Zusammenspiel regionaler Zutaten sein kann.

Zander auf Erdfrüchteragout

Zubereitung

Für das Erdfrüchteragout die Zwiebel schälen und in Würfel schneiden. Kartoffeln, Möhren, Sellerie, Kohlrabi und Topinambur schälen und in Würfel schneiden. Die Zwiebel in einem Topf in der heißen Butter etwa 3 Minuten anschwitzen. Das gewürfelte Gemüse dazugeben, alles salzen und pfeffern und zugedeckt etwa 10 Minuten schmoren. Dann nochmals abschmecken und die gehackte Petersilie dazugeben, warm halten.

Den Ofen auf 160 °C vorheizen. Den Zander kalt waschen, trockentupfen und auf beiden Seiten mit Salz und Pfeffer würzen. In einer ofenfesten Pfanne im heißen Öl oder Butterschmalz auf der Hautseite kross anbraten und im Ofen in etwa 10 Minuten fertig garen. Das Erdfrüchteragout auf Tellern verteilen und mit dem Zander servieren.

Zutaten für 4 Personen

Für das Erdfrüchteragout

1 Gemüsezwiebel
120 g Kartoffeln
80 g Möhren
100 g Sellerie
150 g Kohlrabi
120 g Topinambur
Butter zum Braten
Salz, Pfeffer
2 EL gehackte Petersilie

Für den Zander

600 g Zanderfilet
Salz, Pfeffer
3 EL Sonnenblumenöl oder Butterschmalz

Das Rezept stammt von Kurt Jäger aus dem „Hotel Haferland" in Wieck auf dem Darß.

Roulade von Scholle und Lachs
mit Meerrettichsauce und Gerstengraupenrisotto

Günter Weinberg wohnt seit Jahren schon am Rande des Klützer Winkels und unterrichtet hauptberuflich angehende Köche an einer Berufsschule. Sein besonderes Engagement gilt alten Rezepten und Zubereitungsmethoden, die er gerne dem heutigen Geschmack anpasst. Wenn auch viele der alten Rezepte niedergeschrieben sind, so ist doch das Wissen um die Zubereitung im Laufe der Zeit verloren gegangen. Günter Weinbergs Kochkunst ist im Dorf legendär: Einmal im Jahr bereitet er mit seinen Nachbarn im großen Stil ein erstklassiges 6-Gänge-Menue zu, die Vorbestellungen dafür laufen schon Jahre im Voraus.

Zubereitung

Für das Risotto die Schalotte schälen und würfeln. In einem Topf im heißen Olivenöl glasig schwitzen. Graupen hinzufügen, nach und nach mit der Brühe auffüllen und 30–40 Minuten garen. Thymian und Lorbeer hinzufügen, etwa 5 Minuten vor Garzeitende die Gemüsewürfel dazugeben. Abschmecken und zugedeckt warm halten.

Für die Sauce Toastbrot würfeln und mit Sahne mischen, mit jeweils etwas Zitrone, Salz, Muskat und Pfeffer abschmecken. Mit der Brühe in einem Topf aufkochen und den Meerrettich dazugeben, warm halten.

Die Bohnen putzen, waschen und in reichlich Salzwasser blanchieren. Herausnehmen, abtropfen lassen und in Butter anschwitzen, warm halten. Die Pflaumen waschen, halbieren und entsteinen. Zucker in einem Topf leicht braun karamellisieren. Pflaumen zum Karamell geben, würzen und zugedeckt beiseitestellen.

Für die Schollenroulade den Ofen auf 95 °C vorheizen. Die Kohlblätter vom Strunk befreien und auf Frischhaltefolie auslegen. Den Lachs auflegen und würzen, mittig die Schollenfilets auflegen und alles fest einrollen. Mit der Folie außen fest umschließen, die Rolle nochmals in Aluminiumfolie einrollen und im Ofen etwa 15 Minuten garen.

Zum Servieren die Fischroulade in Scheiben schneiden und mit Risotto, Bohnen, Pflaumen und Meerrettichsauce anrichten.

Zutaten für 4 Personen

Für das Risotto

1 Schalotte

1 EL Olivenöl

100 g Perlgraupen

300 ml Brühe

1 Zweig Thymian

1 Lorbeerblatt

30 g Gemüsewürfel (Sellerie, Möhren und Lauch)

Für die Meerrettichsauce

30 g Toastbrot ohne Rinde

200 g Sahne

Zitronensaft

Salz, Pfeffer

Muskatnuss

150 ml Gemüsebrühe

40 g frisch geriebener Meerrettich (oder 60 g aus dem Glas)

Für Bohnen und Pflaumen

150 g grüne Bohnen

Salz

2 EL Butter

8 große Pflaumen

50 g brauner Zucker

Zimt und/oder Sternanis

Für die Fischroulade

3 Weißkohlblätter

125 g Lachs

Salz, Pfeffer

2 kleine Schollenfilets

Das Rezept stammt von Günter Weinberg in Carlow.

Von Ochsen, Heidschnucken, Schweinen und Rindern –

aus den Weiden und Wäldern zwischen Ems und Oder

Pauline, die Sau der Rasse „bunte Bentheimer", liegt grunzend im Gras. Ihre neun Ferkel kämpfen um jede Zitze. Keine fünf Minuten später ist das Gerangel vorbei. Dicht aneinander gekuschelt wird der Verdauungsschlaf gehalten. Östlich vom Dümmer See zieht eine Herde Moorschnucken durchs Moor. Birkenzweige, harte Gräser und Kräuter sind ihr karges Mahl. Es läutet im Harz. Touristen säumen die Straße, wenn das Harzer Rotvieh im Frühjahr auf die Bergwiesen getrieben wird. Ob Moorschnucke, Bentheimer Schwein oder Harzer Rotvieh – ginge es nur nach Leistung und Preis, gäbe es diese Rassen längst nicht mehr. Zum Glück gibt es aber immer mehr Menschen, die diese regionalen Rassen als Spezialität entdecken. „Erhalten durch Aufessen" heißt die Devise.

Über Jahrhunderte wurden Nutztierrassen so gezüchtet, dass sie hervorragend der jeweiligen Region angepasst waren. Dies änderte sich erst, als der Futterhandel internationalisiert wurde. Einheitsrassen und Hybride entstanden, die schnell wuchsen und viel Mich gaben. Die Masse allein macht es aber nicht. Kaum ein Heidebesucher, der nicht das Fleisch der Heidschnucke probiert. Unvergleichlich – der leichte Wildgeschmack, das zarte, durch Kräuter gewachsene Fleisch. Ähnliches wird über die Milch der Ostfriesischen Milchziege berichtet. Diese Rasse ist mittlerweile international gefragt. Ziegenkäse „made in germany" ist ein Hit auf den Wochenmärkten und selbst in so manchem Supermarktregal.

Ein Drittel der Lüneburger Heide ist wieder aufgeforstet. Wer durch Mecklenburg-Vorpommern fährt, hat leicht den Eindruck, als wäre dort ein riesiger Wildpark. Die Jägerschaft hegt und pflegt das Wild. Die Bestände sind enorm. Selbst Exoten wie Dam- und Muffelwild fühlen sich in den einheimischen Wäldern zu Hause. Wildschwein, Reh und Hirsch sind eine gesunde und artgerechte Alternative zu Rind und Schwein.

Sattelschwein-Kotelett
in Traubensauce

Im nordöstlichen Schleswig-Holstein liegt die Landschaft Angeln, bekannt für die Ureinwohner, die vor über 1000 Jahren auf die britischen Inseln auswanderten und dort, zusammen mit den ebenfalls ausgewanderten Sachsen, das Königreich England („Angel-Land") gründeten. Die im Land verbliebenen Angeliter sind bis heute ähnlich unternehmungslustig und kreativ, haben aus heimischen Nutztieren die Rassen „Angler Rind" oder auch das „Angler Sattelschwein" gezüchtet.

Beide Nutztierrassen, die über Jahrzehnte im Norden in den Ställen und auf den Weiden das Bild prägten, sind durch moderne Nutztierrassen fast vollständig verdrängt worden, obwohl deren besondere Milch- oder Fleischqualität bis heute unumstritten ist. Das Angler Sattelschwein konnte gerade noch vor dem Aussterben gerettet werden. Dabei sind diese Tiere für die Weidehaltung bestens geeignet, sehr robust und haben hervorragende Muttereigenschaften. Allerdings wachsen sie langsamer als die heute gebräuchlichen „Turbo-Schweine" und gehören zu den sogenannten „Fettschweinen", die von vielen Verbrauchern seit den sechziger Jahren immer weniger nachgefragt wurden. „Schweinefleisch soll möglichst kein Fett haben!" – diese Devise vieler Verbraucher wäre beinahe zum Todesurteil der „Angler Sattelschweine" geworden, wenn nicht engagierte Bauern und Köche sich an den unvergleichlichen Geschmack dieser Schweine erinnert hätten.

Inzwischen stehen sie wieder auf einigen Bauernhöfen, die oft ökologisch wirtschaften, und auf Speisekarten etlicher Gourmet-Restaurants. Denn preislich können die Angler Sattelschweine mit den heute gebräuchlichen Piétrain-Schweinen nicht mithalten – sie brauchen viel länger, um schlachtreif zu werden, und Weidehaltung bei Schweinen gilt unter Bauern ohnehin als unrentabel.

Zubereitung

Für das Kotelett den Ofen auf 180 °C vorheizen. Zwiebeln und Ingwer schälen und in Scheiben schneiden. Trauben waschen, halbieren und entkernen. Das Kotelett in einem Bräter in heißem Olivenöl rundum hellbraun anbraten.

Zwiebeln, Ingwer, Trauben und Thymian mit in den Bräter geben und alles mit etwas Brühe und Traubensaft ablöschen. Das Kotelett im Ofen etwa 90 Minuten schmoren, dabei immer wieder Brühe und Traubensaft zugießen (Kerntemperatur am Ende: 75 °C).

Das Fleisch herausnehmen und etwa 10 Minuten ruhen lassen. Für die Sauce den Bratensaft mit Mosto cotto, Senf, Salz, Pfeffer und Cayennepfeffer abschmecken und mit der Butter binden.

Für den Rahmwirsing vom Kohl den Strunk entfernen und die einzelnen Blätter abtrennen, Mittelrippe aus den Blättern entfernen. In einem großen Topf ausreichend Salzwasser mit Kümmel erhitzen und die Wirsingblätter darin portionsweise je etwa 4 Minuten blanchieren. Mit kaltem Wasser abschrecken, abtropfen lassen und klein hacken.

Tomaten mit heißem Wasser überbrühen, abschrecken und häuten. Die Kerne entfernen und das Tomatenfleisch in etwa 1 – 2 cm große Würfel schneiden. Zwiebel schälen, würfeln und in einer Pfanne in Butter glasig braten. Wirsing dazugeben und kurz mitschmoren.
Mit Curry, Salz, Kümmel, Cayennepfeffer und Muskat würzen und mit Sahne aufgießen. Alles so lange ziehen lassen, bis die Sahne eingekocht und das Gemüse cremig ist, dann Tomaten untermischen, warm halten.

Zutaten für 4 Personen

Für die Koteletts

8 kleine Zwiebeln

50 g Ingwer

200 g weiße Trauben

1,5 kg Sattelschwein-Kotelett (mit Knochen)

1 Bund Thymian

200 ml Kalbsbrühe

500 ml Traubensaft

200 ml Mosto cotto (Mostkonzentrat)

1 EL scharfer Senf

Salz, Pfeffer

Cayennepfeffer

100 g kalte Butter (in Flocken)

Olivenöl zum Braten

Für den Rahmwirsing

1 Wirsingkohl (500 – 700 g)

Salz, Kümmel

2 Tomaten, 1 Zwiebel

100 g Butter

Curry, Cayennepfeffer

Muskatnuss

200 g Sahne

Ofen auf 180 °C vorheizen. Kartoffeln mit der Schale in Salzwasser kochen, anschließend pellen und halbieren. Aus jeder Kartoffelhälfte ein olivengroßes Loch aushöhlen. Inzwischen Paprika und Knoblauch im Ofen mit Schale garen, anschließend abziehen und zerquetschen.

Minze waschen, trockentupfen und fein hacken. Cashewkerne fein hacken. Paprika, Knoblauch, Minze und Cashewkerne mit dem Ziegenfrischkäse zu einer Farce verarbeiten und mit Salz und Chiliflocken würzen. Die Farce in die Kartoffeln füllen, je zwei Kartoffelhälften aufeinanderlegen und mit einer Speckscheibe umwickeln. In einer Pfanne in etwas Olivenöl goldbraun braten.

Zum Servieren das Kotelett in Scheiben schneiden, auf dem Rahmwirsing anrichten, mit der Sauce beträufeln und die gefüllten Kartoffeln dazulegen.

Für die Kartoffeln

4 mittelgroße Kartoffeln
Salz
½ rote Paprikaschote
2 Knoblauchzehen
1 Handvoll Minze
8 Cashewkerne
100 g Ziegenfrischkäse
Chiliflocken
4 Scheiben Speck
Olivenöl zum Braten

TIPP

Hierzu passt ein gutes norddeutsches Pils vom Fass.

Sattelschwein-Kotelett in Traubensauce.
Das Rezept stammt von Manfred Miera aus dem Restaurant „Miera" in Lübeck.

Artländer Jungschweinebauch

auf Mangold mit Stampfkartoffeln, Bärlauch und Speckjus

Sie zeigen, was sie haben – die Artländer Bauern. Es gibt in Norddeutschland kaum eine andere Region, wo die Bauern so ihren Reichtum zur Schau stellten. Das fruchtbare Schwemmland und die Nähe zum Ruhrgebiet machten die Landwirte wohlhabend. Das zeigte sich auch in der Küche. Ein Jungschwein schlachten galt als Luxus.

Das Rezept stammt von Bernd Harnisch aus dem „Heuhotel Hildebrand" in Badbergen.

Zubereitung

Die Knoblauchzehen schälen und mit Lorbeer, Fenchel, Zucker und Salz im Mixer fein mahlen. Den Schweinebauch auf der Speckseite mit einem Messer gitterförmig einschneiden und von beiden Seiten mit dem Salzmix einreiben.

Den Ofen auf 80 °C vorheizen. Den Bauch in einen Bratschlauch legen, eine Seite schließen, im kalten Wasser die Luft aus dem Schlauch drücken und die zweite Seite verschließen. Den Schweinebauch in ein Wasserbad in die Saftpfanne setzen und im Ofen etwa 12 Stunden gar ziehen lassen.

Rechtzeitig vor Ende der Garzeit den Mangold putzen, waschen und fein schneiden. In einer Pfanne im heißen Olivenöl anbraten, dann weich schmoren und mit Salz und Zitronensaft abschmecken. Die Kartoffeln schälen und in Salzwasser kochen. Abgießen und mit Bärlauch und Butter zu Stampfkartoffeln verarbeiten, warm halten.

Für den Jus den Speck fein würfeln. Zwiebel schälen und fein würfeln. Beides in einer Pfanne anschwitzen, bis der Speck weich ist. Die Speckmasse mit dem Blitzhacker mixen und kühl stellen. Den Hühnerfond auf 150 ml einkochen, anschließend 50 g kalte Speckpaste mit dem Stabmixer unterrühren.

Den Schweinebauch aus dem Bratschlauch nehmen und in einer beschichteten Pfanne mit der Speckseite nach unten und mit Gewicht beschwert (damit die Speckseite flach aufliegt) bei niedriger Hitze kross braten.

Zum Servieren den Bauch in Scheiben schneiden. Die Stampfkartoffeln und den Mangold auf Teller geben, darauf den Bauchspeck setzen und mit dem Speckjus garniert servieren.

Zutaten für 4 Personen

2 Knoblauchzehen
2 Lorbeerblätter
1 TL Fenchelsamen
1 geh. EL Zucker (20 g)
1 geh. EL Salz (20 g)
600 g Jungschweinebauch
250 g Mangold
Saft von 1 Zitrone
500 g mehlig kochende Kartoffeln
10 g fein gehackter Bärlauch
50 g flüssige Butter
150 g weißer fetter Speck
1 mittelgroße Zwiebel
200 ml Hühnerfond (Glas)
Olivenöl zum Braten

Der Himmel über der Nordsee – immer wieder ein Spektakel.

Norderney, die Familieninsel – Norderney, die Party-Insel, aber es gibt auch das andere Norderney – die Insel der Beschaulichkeit. Schon wenige 100 Meter außerhalb der Zentren hat die Insel ihr ursprüngliches Gesicht bewahrt. Endlose Strände, eine weite Dünenlandschaft, hin und wieder Baumgruppen. Ob mit dem Rad oder zu Fuß, die Insel bietet Entspannung und die jodhaltige, klare Luft der Nordsee.

Das Rezept stammt von Matthias Möckel aus der „Weißen Düne" auf Norderney.

Spanferkelkotelett

gefüllt mit Filsumer Bauernkäse im Meersalzschinkenmantel

Zubereitung

Den Ofen auf 120 °C vorheizen. In die Koteletts jeweils eine Tasche einschneiden und mit Bauernkäse füllen. Mit Salz und Pfeffer würzen und mit je 1 Scheibe Meersalzschinken umwickeln. Anschließend in einer ofenfesten Pfanne im heißen Öl auf jeder Seite 5 – 6 Minuten anbraten und im Ofen in 12 – 15 Minuten fertig garen.

Für das Erbsenpüree die Erbsen nach Packungsanweisung mit etwas Salzwasser garen. Inzwischen die Kartoffeln schälen und in Salzwasser kochen. Abgießen und mit einem Stampfer zerdrücken. Die Hälfte der Erbsen sowie die Milch mit dem Mixstab fein pürieren. Butter, pürierte Erbsen, 1 Prise Salz und etwas Muskat unter die Kartoffeln mengen. Zum Schluss die restlichen Erbsen unterheben.

Für den Möhrenhobel die Möhren schälen und mit dem Sparschäler in Hobel schneiden. Die Möhrenhobel in einem Topf mit der Butter, je 1 Prise Salz und Zucker sowie etwas Gemüsebrühe bissfest garen.

Für das Rahmlauchgemüse den Lauch putzen, gründlich waschen und in etwa 5 mm breite Streifen schneiden. Die Zwiebel schälen und in Streifen schneiden. Lauch und Zwiebel in einer Pfanne in der Butter anschwitzen. Die Sahne angießen, alles mit Salz und Steakpfeffer abschmecken und leicht einköcheln, bis eine saucenähnliche Bindung entsteht.

Zum Servieren je einen Klecks Erbsenpüree auf den Teller geben und Möhren und Lauch daneben setzen, das Kotelett darauf anrichten.

Zutaten für 4 Personen

Für die Koteletts

8 Spanferkelkoteletts (insgesamt ca. 800 g)

200 g Filsumer Bauernkäse

Salz, Pfeffer

8 Scheiben Meersalzschinken

Öl zum Braten

Für das Erbsenpüree

300 g Erbsen (TK)

Salz

600 g mehlig kochende Kartoffeln

100 ml Milch

125 g Butter

Muskatnuss

Für den Möhrenhobel

4 große Möhren

1 EL Butter

Salz, Zucker

etwas Gemüsebrühe

Für das Rahmlauchgemüse

2 Stangen junger Lauch (400 g)

1 kleine rote Zwiebel

Butter

400 g Sahne

Salz, Steakpfeffer

Hochrippe vom Ochsen rosa gebraten

Die Grünlandflächen des westlichen Schleswig-Holstein bis weit ins südliche Dänemark hinein waren jahrtausendelang Weideflächen für Ochsen. Seit der Bronzezeit gibt es den „Ochsenweg", der vom dänischen Viborg über fast 400 Kilometer bis nach Wedel an die Elbe führt. Ochsen zogen auf dieser wichtigen Nord-Süd-Verbindung die Wagen und auch ganze Ochsenherden wurden jahrhundertelang über diesen Weg nach Süden zu den Märkten getrieben. Noch heute ist der Weg teilweise erhalten und als Rad- und Wanderweg ausgeschildert.

Bis in die sechziger Jahre war Ochsenfleisch begehrt – bis durch die Förderpolitik der EU es genauso gut oder schlecht subventioniert wurde wie das Fleisch der Bullen. Doch Bullen lassen sich fast doppelt so schnell aufs Schlachtgewicht bringen, wie ihre kastrierten Brüder, die deutlich langsamer wachsen. Die besondere Qualität der Weidemastochsen, deren Fleisch sehr viel saftiger und damit geschmackvoller ist, geriet in den fünfziger/sechziger Jahren im Rahmen der „Fresswelle" fast völlig in Vergessenheit. Billig sollte es sein, die Verbraucher gaben ihr Geld lieber fürs Auto oder den Urlaub aus als für ihre Lebensmittel – ein Trend, der bis heute anhält. Bauern, die an der Weidemast von Ochsen festhielten, kamen seitdem selten auf ihre Kosten. Bullen leben fast ausschließlich im Stall, sehen das Tageslicht oft erst, wenn es zum Schlachthof geht. Auf Grund ihrer sprichwörtlichen Aggressivität wäre eine Weidehaltung von Bullen mit notwendiger Betreuung durch den Bauern allerdings auch nicht wirklich empfehlenswert.

Dabei, so haben wissenschaftliche Untersuchungen immer wieder ergeben, ist Ochsenfleisch aus Weidehaltung nicht nur geschmacklich überzeugender, sondern auch gesundheitlich dem Bullenfleisch aus Stallhaltung weit überlegen. Denn Fleisch aus Weidehaltung hat einen höheren Anteil an Omega-3 Fettsäuren und vielen anderen Vitalstoffen – egal, ob es aus Bio-Betrieben oder konventionellen Bauernhöfen stammt. Es sind meist Bio-Bauern, die heute angemessene Preise für ihre Bio-Ochsen durchsetzen können und so sind die legendären Weidemastochsen doch noch nicht ganz vom Markt verschwunden.

Zubereitung

Den Ofen auf 160 °C vorheizen. Die Hochrippe rundum gut mit Salz und Pfeffer einreiben. Das Öl in einem ofenfesten Bräter erhitzen und das Fleisch darin an allen Seiten kräftig anbraten.

Den Braten aus dem Bräter nehmen und beiseitestellen. Die Schalotten schälen, in kleine Würfel schneiden und im Bratensatz leicht andünsten. Alles mit Kalbsbrühe ablöschen und den Satz vom Boden loskochen.

Den Braten wieder in den Bräter setzen und im Ofen 30–40 Minuten garen. Mit einem Bratenthermometer prüfen, ob der Braten fertig ist (Kerntemperatur: 55 °C).

Zum Servieren den Bräter aus dem Ofen holen und den Braten warm stellen. Den Bratenfond mit Sahne aufgießen und durch ein Sieb passieren. Den Braten in Scheiben schneiden und mit der Sauce servieren.

Zutaten für 4 Personen

1–1,2 kg Hochrippe vom Ochsen (gut abgehangen)

Salz, Pfeffer

2 EL Öl

4 Schalotten

250 ml Kalbsbrühe

125 g Sahne

„Ochsenfleisch ist eine wahre Delikatesse. Wenn es dann noch so lecker zubereitet wird, wie bei diesen beiden Rezepten, ist der Genuss perfekt. Ich finde es Klasse, dass es Bauern gibt, die sich bewusst für Ochsenmast und gegen die schnellere Bullenmast entscheiden."

Heike Götz

Das Rezept stammt von dem Schlachtunternehmen Rüdiger Thomsen aus Bad Bramstedt, von Bio-Koch Bernd Dwinger.

Hochrippe vom Ochsen rosa gebraten.

Das Rezept stammt von Folkert Folkens in Nordenham.

Pochiertes Ochsenfilet

Fleckvieh, Angus, Aubrac – auf deutschen Weiden haben die Fleischrinder Einzug gehalten. Die Qualität des Fleisches ist unvergleichbar. Die Ochsen wachsen fast zwei Jahre langsam heran, verbringen die meiste Zeit des Jahres auf der Weide und liefern so ein marmoriertes, schmackhaftes Fleisch.

Zubereitung

Sehnen und überflüssiges Fett vom Ochsenfilet entfernen. Das Filet kalt waschen, trockentupfen und zum späteren Aufhängen mit Küchengarn binden.

Das Gemüse putzen bzw. schälen, waschen und in mundgerechte Stücke schneiden. Die Rinderbrühe in einem möglichst ovalen Topf aufkochen. Das Gemüse – außer den Frühlingszwiebeln – in die Brühe geben.

Den Ofen auf 80 °C vorheizen. Das Filet mit Garn locker an einem Kochlöffel anbinden. Den Kochlöffel quer über den Topf legen und das Filet so in die Brühe hängen, das es komplett von Brühe bedeckt ist. Das Filet in der heißen (nicht kochenden!) Brühe etwa 20 Minuten pochieren.

Etwa 5 Minuten vor Garzeitende die Frühlingszwiebeln mit in die Brühe geben. Das Fleisch herausnehmen und in einer ofenfesten Form im Ofen noch etwa 5 Minuten ruhen lassen.

Inzwischen die Petersilie waschen, trockentupfen und hacken. Das Gemüse mit einem Schaumlöffel aus der Brühe heben und auf einer Platte anrichten. Das Filet in Scheiben schneiden und auf das Gemüse legen, zum Servieren mit Petersilie bestreuen.

Zutaten für 4 Personen

800 g Ochsenfilet (Mittelstück)
500 g kleine Möhren
200 g weiße Rübchen
1 Bund Frühlingszwiebeln
3 Stangen Staudensellerie
2 l kräftige Rinderbrühe
1 Bund glatte Petersilie
Küchengarn

Die Elbe zwischen Lauenburg und Hamburg. Bäuerliche Kultur und Fischerromantik.

Lauenburg – ein Highlight an der Elbe. Fachwerkhäuser in den Vier- und Marschlanden.

Bisonroulade in Rotwein-Schalotten-Sauce

mit Möhren, Bohnen und Buchweizennudeln

Darf es mal exotisch werden? Wo die Aller in die Weser fließt, grasen auf satten Wiesen nordamerikanische Bisons. Eine Marktlücke, die sich lohnt. Genügsam, robust und pflegeleicht sind sie, stehen das ganze Jahr auf der Weide und liefern Fleischspezialitäten, die so manchen Feinschmecker begeistern.

Zubereitung

Für die Nudeln Mehl, Buchweizenmehl, Eier, Salz, Muskat und Öl mischen und glatt verkneten. Den Teig in Frischhaltefolie wickeln und etwa 2 Stunden ruhen lassen. Dann auf einer bemehlten Arbeitsfläche dünn ausrollen und in schmale Streifen schneiden. Reichlich Salzwasser aufkochen und die Nudeln darin etwa 1 Minute kochen, abgießen und mit kaltem Wasser abschrecken. Zum Servieren mit Butter erhitzen, mit Salz und Muskat abschmecken.

Für die Rouladen die Gurke längs vierteln. Zwiebel schälen und fein würfeln. Fleischscheiben pfeffern, salzen und mit Senf bestreichen. Je eine Speckscheibe, ein Gurkenviertel und einige Zwiebeln darauflegen, Fleisch aufrollen und mit Rouladenspieß fixieren.

In einem Topf im heißen Pflanzenfett rundum anbraten, dann herausnehmen. Suppengemüse putzen bzw. schälen, waschen und würfeln. Mit Lorbeer, Wacholder und Tomatenmark in dem Topf kräftig anbraten. Mit Rotwein ablöschen und mit etwa 500 ml Wasser auffüllen. Alles aufkochen, die Rouladen hineinsetzen und zugedeckt bei niedriger Hitze 30–40 Minuten gar ziehen lassen. Dann herausnehmen und warm halten. Den Fond auf 300 ml einkochen, durch ein feines Sieb gießen.

Zutaten für 4 Personen

Für die Buchweizennudeln

200 g Mehl

80 g Buchweizenmehl

2–3 Eier

Salz, Muskatnuss

1 EL Pflanzenöl

Butter zum Braten

Mehl für die Arbeitsfläche

Für die Bisonrouladen

1 Gewürzgurke

1 mittelgroße Zwiebel

4 Bisonrouladen (ca. 800 g, aus der Oberschale)

Pfeffer, Salz

1 EL Senf

4 Scheiben durchwachsener Speck

1 Bund Suppengemüse

1 Lorbeerblatt

2–3 Wacholderbeeren

¼ TL Tomatenmark

250 ml Rotwein

Pflanzenfett zum Anbraten

Rouladenspieße

Für die Sauce die Schalotten schälen, fein würfeln und in 1 EL Butter anschwitzen. Rotwein zugießen und alles auf ein Drittel einkochen. Rouladenfond dazugeben, alles aufkochen, evtl. abschmecken und mit Saucenbinder und 2 EL kalter Butter binden.

Bohnen putzen, waschen und in etwa 5 cm lange Stücke schneiden. In reichlich Salzwasser garen, mit kaltem Wasser abschrecken. Schalotte schälen und wie den Speck in Würfel schneiden. Beides in Butter anschwitzen, Bohnen dazugeben und erhitzen und mit Salz, Pfeffer und Muskat würzen.

Möhren schälen und in etwa 5 cm lange Stifte schneiden. In Salzwasser garen, mit kaltem Wasser abschrecken. Jeweils einige Möhrenstifte mit Lauch zu kleinen Bündeln binden und in der Butter erwärmen.

Zum Servieren Möhren, Bohnen und Nudeln jeweils auf einem Teller anrichten, die Roulade dazusetzen und mit der Sauce beträufeln.

Für die Rotwein-Schalotten-Sauce

5 Schalotten

3 EL kalte Butter

250 ml Rotwein

reduzierter Rouladenfond

etwas Saucenbinder

Für die Flachbohnen

500 g Flachbohnen (Stangenbohnen)

Salz

1 Schalotte

30 g durchwachsener Speck

1 EL Butter

Pfeffer

Muskatnuss

Für die Möhrenbündchen

2 große Möhren

Salz

1 Lauchblatt (grüner Teil, in Streifen)

1 EL Butter

Das Rezept stammt von Inga Zimolong aus dem „Hotel Heide Kröpke" in Essel.

Rouladen vom Bullenroastbeef
mit Rotwurstfüllung auf Birnenkartoffeln

Warum die Wurst im Harz besonders gut schmeckt, ist nie wirklich geklärt worden. Eine Theorie besagt, dass es an den Kiepenfrauen lag. Sie sammelten im Oberharz Kräuter und Gewürze und trugen sie in ihren Kiepen weit ins Land. Wilder Thymian soll dabei eine wichtige Rolle gespielt haben. Vielleicht alles nur eine Sage, aber die Wurst ist eben sagenhaft.

Zubereitung

Schalotten, Möhren und Sellerie schälen und in grobe Stücke schneiden. Aus Kalbfleisch, Crème double und Ei eine Farce herstellen, indem man alles durch den Fleischwolf dreht. Anschließend mit Pastetengewürz, Pfeffer und Salz abschmecken und die Farce nochmals durch ein Sieb streichen.

Die Rumpsteaks im Schmetterlingsschnitt aufschneiden. Je ein Steak zwischen zwei Lagen Frischhaltefolie legen und flach klopfen. Anschließend jeweils etwas Farce auf die Steaks verteilen. Je ein Rotwürstchen am vorderen Rand eines Steaks platzieren, mit Speck belegen, mit Farce überstreichen und mit Pistazien bestreuen. Mit Hilfe der Frischhaltefolie jede Roulade fest einrollen, dann die Folie entfernen und die Rouladen mit den Spießen fixieren.

Ofen auf 150 °C vorheizen. Rouladen in einem Bräter im heißen Fett zuerst senkrecht an beiden Enden anbraten, anschließend rundum braun anbraten. Rostgemüse dazugeben und kurz mitgaren. Rouladen zugedeckt im Ofen etwa 15 Minuten schmoren.

Den Bräter aus dem Ofen nehmen, Rouladen warm stellen. Fond und Gemüse durch ein Sieb gießen, die Sauce auffangen. Paprika putzen, waschen, würfeln und in Salzwasser blanchieren. Einen kleinen Teil der Sauce mit den Paprikawürfeln mit dem Stabmixer pürieren, diese zweite rote Sauce mit Cayennepfeffer würzen.

Zutaten für 6 Personen

Für die Rouladen

10 Schalotten
2 Möhren
½ Sellerieknolle
250 g mageres Kalbfleisch
250 g Crème double
½ Ei
1 – 2 TL Pastetengewürz
Pfeffer, Salz
6 zarte Rumpsteaks (à ca. 150 g)
6 fingerdicke Rotwürstchen
250 g durchwachsener Speck (in Scheiben)
60 g gehackte Pistazienkerne
Rostgemüse (z. B. Möhren, Sellerie)
1 rote Paprikaschote
Cayennepfeffer
Rouladenspieße

Kartoffeln schälen und in Salzwasser kochen. Birnen schälen und halbieren, dabei bei jeweils einer Hälfte den Stiel belassen, Kerngehäuse entfernen. Birnen in 500 ml Wasser mit Zucker, Weißwein und Zimt weich kochen. Butter in einem Topf zerlassen und die Salzkartoffeln darin zerdrücken. Birnenhälften ohne Stiel ebenfalls dazudrücken, alles pfeffern und mit Birnengeist verfeinern.

Die übrigen Birnenhälften mit Stiel auf Teller geben und großzügig mit dem Kartoffel-Birnen-Schnee füllen. Die Rouladen in schräge Scheiben schneiden und auf den Kartoffel-Birnen-Schnee setzen. Mit der dunklen Sauce umgeben und einen Kreis mit der roten Paprikasauce ziehen.

Für die Birnenkartoffeln

1 kg mehlig kochende Kartoffeln

Salz

6 reife Birnen

2 EL Zucker

150 ml Weißwein

1 Zimtstange

2 EL Butter

Pfeffer

2 cl Birnengeist

TIPP

Nach Belieben können Sie noch gewürfelten Speck und Zwiebeln in einer Pfanne auslassen und über die Rouladen geben.

Das Rezept stammt von Dagmar Gerhard aus der „Gutsschenke des Fürsten zu Münster" in Holle.

Rouladen vom Bullenroastbeef mit Rotwurstfüllung auf Birnenkartoffeln.

Am Sande, das Herz der alten Salzstadt.

Lüneburg, im Mittelalter reich geworden durch das Salz, ist heute eine quirlige Studentenstadt mit fast mediterranem Flair. Neben den vielen kleinen Läden in der Innenstadt und an der Ilmenau finden sich Cafés, Kneipen und Restaurants. Wenn das Wetter es zulässt, sitzt man draußen. Sehen und gesehen werden. Die „Heidjer", so nennen sich die Heidebauern, liefern die köstlichen Zutaten für ein gelungenes Mahl.

Das Rezept stammt von Herrn Röhm aus dem Restaurant „Zum Heidkrug" in Lüneburg.

Heidschnuckenrücken
mit weißer Zwiebelcreme und Linda-Bratkartoffeln

Zubereitung

Den Heidschnuckenrücken mit den Kräutern und dem geschälten Knoblauch in Olivenöl einlegen und zugedeckt über Nacht im Kühlschrank marinieren lassen.

Für die Zwiebelcreme den Ofen auf 180 °C vorheizen. Zwiebeln schälen, fein würfeln und in einem ofenfesten Topf im heißen Öl anschwitzen, mit Weißwein ablöschen. Gewürzbeutel dazugeben und alles zugedeckt im Ofen etwa 25 Minuten garen. Crème fraîche erhitzen und leicht einkochen. Zwiebeln aus dem Ofen nehmen. Gewürzsäckchen entfernen, Crème fraîche dazugeben und alles mit Salz, Pfeffer und gehacktem Thymian abschmecken.

Die Kartoffelscheiben im heißen Öl rundum anbraten, mit Salz, Butter und Salbeiblättern abschmecken.

Das Lammfleisch aus der Marinade nehmen (Marinade aufheben!) und rundum mit Salz und Pfeffer würzen. Mit Dijon-Senf einstreichen und von beiden Seiten in einer Pfanne im heißen Öl etwa 1 Minute anbraten. Den Rücken in einen Bräter setzen und im Ofen bei 165 °C etwa 4 Minuten garen.

Inzwischen für die Sauce Schalotten schälen und fein würfeln. Den Bräter herausnehmen und den Rücken beiseitestellen. Das Bratfett abgießen, 1 TL Butter in den Bräter geben und die Schalotten darin andünsten. Alles mit Rotwein ablöschen, Knoblauch, Rosmarin und Thymian aus der Marinade dazugeben und mit Heidschnuckenjus auffüllen. Die Sauce so lange einkochen lassen, bis sie die gewünschte Konsistenz erreicht hat. Dann mit 1 EL kalter Butter binden.

Den Rücken in der Sauce wieder erwärmen und mit Zwiebelcreme und Linda-Bratkartoffeln servieren.

Zutaten für 4 Personen

Für den Lammrücken

600 g Heidschnuckenrücken (ausgelöst)

1 Zweig Thymian

1 Zweig Rosmarin

1 Knoblauchzehe

Salz, schwarzer Pfeffer

2 TL Dijon-Senf

Olivenöl zum Marinieren und Braten

Für die Zwiebelcreme

3 Gemüsezwiebeln

2 EL Pflanzenöl

40 ml Weißwein

1 Gewürzbeutel (Pfeffer, Wacholder, Piment und Knoblauch)

80 g Crème fraîche

Salz, schwarzer Pfeffer

2 Zweige Thymian

Für die Kartoffeln

20 gekochte festkochende Pellkartoffeln (Sorte Linda)

Salz, 1–2 EL Butter

1 kleines Bund Salbei

Öl zum Braten

Für die Sauce

2 Schalotten

2 EL kalte Butter

400 ml Rotwein

300 ml Heidschnuckenjus

Das Rezept stammt von Björn Wolters aus dem Restaurant „Zur Börse“ in Wremen.

Rehschnitzel auf buntem Gemüse
mit Heidesteinpilzen und Röhrkohl-Kartoffeln

Alles aus der Region: Das Land Wursten, zwischen Cuxhaven und Bremerhaven, hat Marsch, Küste, Geest und Moor. In den Geestwäldern wachsen Steinpilze, in den Wäldern und Wiesen leben Rehe und am Strand wächst der Röhrkohl. Er steht unter Naturschutz, darf aber von den Einheimischen geerntet werden. Ein Gericht zwischen Meer und Wald – lecker komponiert.

Zubereitung

Die Rehoberschale in etwa 1 cm dicke Scheiben schneiden. Die Steinpilze putzen, evtl. den Sand mit Wasser abspülen und die Pilze trockentupfen. Dann in etwa 5 mm dicke Scheiben schneiden.

Die Kartoffeln waschen und mit der Schale mit Kümmel in Salzwasser kochen. Die Kartoffeln abgießen, noch lauwarm halbieren und in einer Pfanne im heißen Öl anbraten. Mit Salz, Pfeffer und Röhrkohl (oder Wildkräutern) abschmecken, warm halten.

Das Gemüse schälen bzw. putzen, waschen und in etwa 1 cm große Würfel schneiden. Die Gemüsewürfel in einem Topf in etwas Öl anbraten, mit Salz und Pfeffer würzen und mit der Brühe auffüllen. Dann zugedeckt in 5 – 10 Minuten (je nach Gemüsesorte) weich dünsten. Die Steinpilze ebenfalls in Öl goldgelb braten und mit Salz und Pfeffer würzen, alles warm halten.

Die Rehschnitzel unmittelbar vor dem Braten mit Salz und Pfeffer würzen und in einer Pfanne im heißen Öl von jeder Seite etwa 1 Minute braten. Mit Kartoffeln, Steinpilzen und buntem Gemüse servieren.

Zutaten für 4 Personen

800 g Rehfleisch (aus der Oberschale; ersatzweise Rinderhüfte oder Hähnchenbrust)

600 g frische Steinpilze

500 g kleine Kartoffeln

1 TL Kümmel

Salz

Pfeffer

1 TL getrockneter Röhrkohl (Feinkostgeschäft; ersatzweise Wildkräuter-Mischung)

400 g Gemüse der Saison (z. B. Kürbis, grüne und gelbe Zucchini, Möhren, Sellerie)

200 ml Gemüsebrühe

Öl zum Braten

Ochsenburger

Die Unterweser war im 19. Jahrhundert berühmt wegen ihrer Ochsenmast. Bis nach England wurden die Tiere exportiert. Das köstliche, weil langsam gewachsene Fleisch war ein Hochgenuss für alle Feinschmecker. Als die EU Bullenfleisch mit Ochsenfleisch gleich setzte, war es mit der Ochsenmast vorbei. An der Unterweser lebt die Tradition wieder auf. Im Herbst finden die Ochsenwochen statt.

Zubereitung

Das Hackfleisch, die Haferflocken und die Eier in einer Schüssel gut miteinander vermengen. Die Möhre schälen und fein reiben, die Möhrenraspeln auf dem Küchenpapier abtropfen lassen und in die Masse einkneten. Nach Belieben die Peperoni fein hacken und unter die Hackmasse mischen. Den Knoblauch schälen und dazupressen. Mit Salz und Pfeffer, Kräutern und Honigsenf abschmecken. Ggf. die Festigkeit der Masse mit Haferflocken oder Paniermehl erhöhen.

Die Hände leicht anfeuchten und aus der Hackmasse etwa vier handtellergroße flache Frikadellen formen. Olivenöl in einer Pfanne erhitzen und die Frikadellen darin bei starker Hitze je 2 Minuten pro Seite anbraten. Anschließend die Hitze reduzieren und die Frikadellen noch etwa 10 Minuten durchbraten, zwischendurch wenden.

Die Salatblätter waschen und trockenschleudern. Die Tomaten waschen und in Scheiben schneiden. Die Zwiebel schälen und in Ringe schneiden. Die Partybrötchen aufschneiden, mit etwas Butter bestreichen und mit Salat, Tomaten, Zwiebeln und je 1 Frikadelle belegen.

Zutaten für 4 Personen

500 g Ochsenhackfleisch
50 g Haferflocken
2–4 Eier
1 Möhre
1 Peperoni (nach Belieben)
1 Knoblauchzehe
Salz, Pfeffer
je etwas getrockneter Thymian, Salbei, Majoran
1 EL Honigsenf
Paniermehl (bei Bedarf)
4 grüne Salatblätter
1–2 Tomaten
1 rote Zwiebel
4 Partybrötchen
etwas Butter
Olivenöl zum Braten

Das Rezept stammt von Folkert Folkens in Nordenham.

Im Frühjahr duftet der Bärlauch

Der Deister, der Höhenzug westlich von Hannover, war immer eine arme Region. Wer konnte, „ging über den Deister" – was so viel bedeutete, dass er nie wieder zurückkam. Das hat sich verändert. Der waldreiche Höhenzug ist beliebtes Naherholungsgebiet. Im Saupark in Springe können Besucher Wildschweine aus nächster Nähe beobachten. Im Frühjahr duften die Wälder nach Knoblauch – der Bärlauch wächst fast überall im Wald.

Das Rezept stammt von Dirk Luther vom „Alten Meierhof“ in Glücksburg (Ostsee).

Rosa gebratene Rehkeule
mit Bärlauchschupfnudeln und Gemüse

Zubereitung

Von der Rehkeule Sehnen und überschüssiges Fett entfernen und beiseitelegen. Möhren und Sellerie schälen und würfeln. Lauch putzen, waschen und in Ringe schneiden.

Fleisch salzen und pfeffern und in einem großen Topf im heißen Öl anbraten, herausnehmen. Knochen und Sehnen, Möhren, Sellerie und Lauch dazugeben und anrösten. Wacholder und Pfeffer kurz mitrösten, Tomatenmark hinzufügen und ebenfalls mitrösten, bis es leicht am Boden ansetzt. Alles mit Rotwein ablöschen und mit Wildfond aufgießen, Lorbeer dazugeben und den Fond auf die Hälfte einkochen.

Den Ofen auf 160 °C (Umluft) vorheizen. Kurz vor Ende des Einkochens noch Rosmarin und Thymian dazugeben. Anschließend die Sauce durch ein feines Sieb passieren und mit Salz und Pfeffer würzen. Nach Belieben Preiselbeerkompott oder Holundergelee hinzufügen. Das Rehfleisch in Teilstücke schneiden und in einem Bräter im Ofen braten – je nach Größe – zwischen 30–35 Minuten.

Für die Schupfnudeln die geschälen Kartoffeln weich kochen. Inzwischen Bärlauch waschen, trockentupfen und fein hacken. Die abgekühlten Kartoffeln durch die Kartoffelpresse drücken, Mehl, Eigelb, Grieß und Bärlauch dazugeben und alles gut verkneten, mit Salz und Muskat würzen. Auf einer bemehlten Arbeitsfläche zu kleinen Kugeln formen und mit der Handfläche zu kleinen Schupfnudeln „rollen".

Die Schupfnudeln in kochendem Salzwasser garen. Sie sind fertig, wenn sie an der Oberfläche schwimmen. Dann mit kaltem Wasser abschrecken, gut abtropfen lassen und zum Anrichten in einer Pfanne mit zerlassener Butter schwenken, bis sie eine goldgelbe Farbe angenommen haben. Evtl. nochmals würzen. Die Rehstücke mit Sauce und Schupfnudeln anrichten. Als Beilage passen dazu Wirsing oder Spitzkohl und jahreszeitliches Gemüse.

Zutaten für 6 Personen

Für die Rehkeule

1 Rehkeule (ca. 1,7 kg; Knochen vom Metzger auslösen lassen)

2 Möhren

¼ Sellerieknolle

½ Stange Lauch

Salz, Pfeffer

8 Wacholderbeeren

10 Pfefferkörner

1 EL Tomatenmark

200 ml Rotwein

500 ml Wildfond (Glas)

4 Lorbeerblätter

je 1 Zweig Rosmarin und Thymian

Preiselbeerkompott oder Holundergelee (nach Belieben)

Öl zum Braten

Für die Schupfnudeln

600 g mehlig kochende Kartoffeln

1 Bund Bärlauch

75 g Mehl

2 Eigelb

75 g Hartweizengrieß

Salz

Muskatnuss

1 EL Butter

Mehl für die Arbeitsfläche

Hirschbraten
nach der Art der wendländischen Brauherren

Das Wendland – auch eine Kulturoase im Nordosten Niedersachsens. Die Aussteiger der siebziger Jahre haben das Wendland erheblich mitgeprägt. Ein Highlight jedes Jahr: „die kulturelle Landpartie". In vielen Dörfern stellen Künstler ihre Werke aus, Autoren lesen aus ihren Büchern und Schauspieler stellen neue Stücke vor. Auch kulinarisch ist das Wendland eine Entdeckungsreise wert.

Zubereitung

Zwiebeln, Möhren und Sellerie schälen und getrennt in Würfel schneiden. Den Hirschbraten salzen, pfeffern und in einem Bräter in heißem Butterschmalz rundum anbraten. Die Zwiebelwürfel und die Hälfte der Möhren- und Selleriewürfel dazugeben und leicht anrösten. Kräutersenf dazugeben und alles mit Bier und Wildfond aufgießen. Etwas Bier übrig lassen, um später die Bratensauce damit abzuschmecken. Kräuter dazugeben und alles zugedeckt bei niedriger Hitze etwa 2 Stunden schmoren.

Dann das Fleisch herausnehmen und warm stellen. Mehl und Sahne verrühren und die Sauce damit binden. Mit Zitronensaft, etwas Bier, Salz, Pfeffer und Kräutersenf abschmecken und durch ein Sieb passieren. Anschließend die restlichen Möhren- und Selleriewürfel in etwas Butter weich dünsten und zur Sauce hinzufügen.

Das Fleisch in Scheiben schneiden und auf einem Saucenspiegel anrichten. Als Beilage eignen sich Wirsingrouladen mit Kartoffelstampf und Preiselbeeren.

Zutaten für 4 – 6 Personen

300 g Zwiebeln

300 g Möhren

150 g Sellerie

1,5 kg Hirschbraten (aus der Keule)

Salz, Pfeffer

5 EL Kräutersenf (z. B. Nemitzer)

500 ml Dunkelbier (z. B. Wendlandbräu)

1 l Wildfond (Glas)

je 1 Zweig Rosmarin und Thymian

2 EL Mehl

250 g Sahne

Zitronensaft

1 EL Butter

Butterschmalz zum Braten

Das Rezept stammt von Uwe Bartholomäus aus den „Trebeler Bauernstuben“ in Trebel.

Wildsauerfleisch
mit Bratkartoffeln

Ein norddeutscher Klassiker, bei dem so unendlich viel schief gehen kann: Die falschen Kartoffeln, die falsche Pfanne, ein ungeeignetes Bratfett, dagegen ist das Sauerfleisch schon fast einfach zuzubereiten. In alten Landgasthöfen, wie beispielsweise bei den Stahmers in dem 60-Seelen-Dorf Hohenfelde zwischen Hamburg und Lübeck, da macht die Küche offensichtlich vieles richtig – und das seit immerhin fast 180 Jahren.

Die Gäste lieben den abseits gelegenen Landgasthof vor allem wegen der einfachen und ehrlichen Speisekarte, die ganz einfach hält, was sie verspricht. Frisch zubereitete Bratkartoffeln, die nicht wie sonst üblich vorgefertigt aus dem Beutel kommen, und Wildsauerfleisch, das von Jägern erlegt wurde, die selbst noch im Gasthof einkehren. Für Gertrud Stahmer ist die Ehrlichkeit in der Küche selbstverständlich – ganz uneigennützig hat sie der Landpartie ihr Rezept preisgegeben, nach dem natürlich auch die nächste Gastwirtgeneration kochen soll.

Die Stahmers betreiben neben ihrem traditionellen Landgasthaus seit Jahrzehnten eine Landwirtschaft. Mutter Stahmer kocht mit Vorliebe für große Gesellschaften und Hamburger Ausflügler rustikal, Ehemann Heinrich ist nebenbei noch Bürgermeister, während Sohn Christian die 65 Milchkühe managt und seine Frau Steffi einen auf Welsh Cob spezialisierten Reit- und Zuchtstall aufgebaut hat.

Das Rezept stammt von Gertrud Stahmer aus dem „Gasthof Stahmer" in Hohenfelde.

Zubereitung

Das Fleisch über Nacht in Salzwasser legen. Am nächsten Tag die Zwiebeln schälen und in Ringe schneiden. Das Fleisch aus der Salzlake nehmen und mit Essig und Wasser zu gleichen Teilen, Zwiebeln und Gewürzen in einen großen Topf geben, sodass das Fleisch völlig bedeckt ist. Einmal aufkochen und das Fleisch solange kochen, bis es weich ist (je nach Alter des Tieres 1,5 – 2 Stunden).

Anschließend das Fleisch herausnehmen, in mundgerechte Stücke schneiden und in eine Schüssel legen. Den Sud durch ein Sieb passieren und mit Salz und Zucker abschmecken, ggf. entfetten. Die Gelatineblätter einzeln in kaltes Wasser legen und etwa 5 Minuten einweichen. 1 l Sud in einem Topf erhitzen. Eingeweichte Gelatine gut ausdrücken und unter Rühren im heißen Sud auflösen. Dann über das Fleisch gießen und alles mehrere Stunden, am besten über Nacht kühl stellen.

Die Kartoffeln mit der Schale in Salzwasser kochen. Abgießen, pellen und in kleine Stücke schneiden. Die Kartoffeln in einer gusseisernen Pfanne im heißen Schmalz und fetten Speck anbraten, mit Salz würzen und, bevor die Kartoffeln braun sind, Zwiebelringe dazugeben.

Das Sauerfleisch mit den Bratkartoffeln und nach Belieben mit Preiselbeerkompott servieren.

„Nirgendwo habe ich bessere Bratkartoffeln gegessen als bei Mutter Stahmer in der Landgastwirtschaft Hohenfelde. Einfach-klassisch-gut!“

Heike Götz

Zutaten für 4 – 6 Personen

2 – 3 kg Wildfleisch (aus der Schulter; Reh, Rotwild oder Wildschwein)

Salz

2 – 3 Zwiebeln

Weißweinessig

4 Lorbeerblätter

einige Pfefferkörner

4 – 5 Nelken

10 Wacholderbeeren

2 – 3 EL Zucker

10 – 12 Blatt Gelatine

Für die Bratkartoffeln

600 g festkochende Kartoffeln (Sorte Belana)

Salz

1 Zwiebel

Schmalz und weißer fetter Speck zum Braten

Traditionelles direkt vom Bauernhof

Hofläden sind der Hit. Dort findet man noch duftende Herbstprinzen, eine alte Finkenwerder Obstsorte, ostfriesische Palmen, wie der Grünkohl genannt wird und Braunschweiger Stracken, eine deftige Mettwurst, meist gewürzt mit Thymian. Ob alte Obst-, Gemüse-, oder Wurstsorten, in den Hofläden wird man fündig. Regionale Spezialitäten gibt es zuhauf. Da lohnt sich schon mal ein Blick hinter die Kulissen. Viele Hofläden produzieren einen Teil ihres Angebots selber. In der eigenen Bäckerei wird Holzofenbrot gebacken und wer Glück hat, kann auch noch frischen, warmen Zuckerkuchen kaufen. Auf dem Gemüseacker nebenan wachsen Linda-Kartoffeln und köstliche Zuckererbsen. Konfitüre aus Sengana-Erdbeeren wird gerührt und in der Hofschlachterei hängen Würste, wie sie schon von Oma und Opa hergestellt wurden.

Richtig toll wird es dann immer zur jeweiligen Saison. Osterlamm, Festtagsbraten, Grillwürste mit Bärlauch und die obligatorische Weihnachtsgans. Sicherlich, und das muss auch gesagt werden, ist alles etwas teurer. Aber dafür gibt es die Gewissheit, dass die Produkte aus eigener Herstellung kommen. Alles ist überschaubar – und kontrollierbar! Nirgendwo ist der Kontakt zwischen Anbieter und Kunde so direkt. Das hat einen einfachen Grund. Die, die hinter der Theke stehen, kennen jeden Schritt der Produktion und können so hervorragend Rede und Antwort stehen.

Die Kunden wiederum, können sich gleich vor Ort überzeugen, wie was produziert wird. Transparenz heißt das wohl. Wer eine Region von der kulinarischen Seite entdecken möchte, sollte eine Hofladentour unternehmen. Vieles, was längst vergessen schien, ist dort wieder zu finden.

Das Rezept stammt von Christiane Flache aus dem Restaurant „Kleine Kommode“ in Zorge.

Chateaubriand
mit Sauce Hollandaise

Der Oberharz war nie ein Paradies der Landwirtschaft, aber des Bergbaus. Aus ganz Europa kamen Menschen, um hier zu arbeiten und die Freiheit der Bergleute zu leben. Trotz der harten Arbeit ging es ihnen besser als in ihrem Leben als Leibeigene zuvor. Noch heute sind an vielen Orten die Spuren des Bergbaus im Harz zu sehen. Ein gutes Beispiel: die Grube Samso in St. Andreasberg mit dem Kanarienvogelmuseum.

Zubereitung

Den Ofen auf 120 °C vorheizen. Das Rinderfilet senkrecht auf den Kopf stellen und etwas zusammendrücken. Mit Grillpfeffer würzen und in einer Pfanne im heißen Öl rundum scharf anbraten. Aus der Pfanne nehmen, salzen und im Ofen noch 40 – 55 Minuten ziehen lassen. Dann aus dem Ofen nehmen und kurz ruhen lassen, anschließend in Tranchen schneiden (Kerntemperatur 55 – 60 °C).

Für die Sauce Eigelb mit dem Weißwein im warmen Wasserbad aufschlagen. Die Butter unterrühren und die Sauce mit Salz, Pfeffer, Zitronensaft, Worcestersauce und etwas Cayennepfeffer abschmecken.

Die Rinderfilet-Tranchen auf einer Servierplatte anrichten und mit der Sauce Hollandaise servieren. Dazu passen frische Gartengemüse und Pariser Kartoffeln.

Zutaten für 2 Personen

Für das Rinderfilet

400 g Rinderfilet (Mittelstück)
Grillpfeffer
Öl zum Braten

Für die Sauce Hollandaise

3 Eigelb
4 EL trockener Weißwein
250 g geklärte Butter
Salz, Pfeffer
Zitronensaft
1 TL Worcestersauce
Cayennepfeffer

TIPP

Für eine Sauce Bernaise zusätzlich frische, gehackte Kräuter (z. B. Kerbel, Estragon, Petersilie, Schnittlauch) unter die Hollandaise mischen. Evtl. etwas braunen Bratenfond dazugeben.

Lammrücken unter Kräuterkruste

auf Tomaten-Concassée mit Spargel

Die Elbe zwischen Magdeburg und Hamburg – ein Radlerparadies! Immer am Deich entlang und diese einzigartige Flusslandschaft genießen. Mit etwas Glück entdeckt man Biber, die hier wieder heimisch sind, erkundet die Elbeseitenarme, erradelt die Moränenhügel bei Bleckede und stärkt sich in den Gasthöfen mit typisch heimischen Köstlichkeiten, wie im Landgasthof Karze.

Die Marschwiesen reichen bis ans Wasser.

Zubereitung

Am Vortag Knoblauch schälen und in Scheiben schneiden. Den Lammrücken mit Kräutern der Provence und Knoblauchscheiben in so viel Rotwein einlegen, dass er völlig bedeckt ist.

Am nächsten Tag den Ofen auf 160 °C vorheizen. Für die Kräuterkruste Paniermehl, Eigelb, Kräuter der Provence, Petersilie, Salz und Pfeffer mit der Butter verkneten. Den Lammrücken aus der Marinade nehmen und trockentupfen. In einem Bräter im heißen Öl scharf anbraten, die Kräuterkruste flach auf dem Lammrücken verteilen und den Rücken im Ofen etwa 10 Minuten braten. Herausnehmen und warm stellen.

Für das Concassée die Tomaten mit heißem Wasser überbrühen, abschrecken und häuten. Kerne entfernen und das Tomatenfleisch in Würfel schneiden. Zwiebel schälen, würfeln und in einer Pfanne im heißen Öl anschwitzen. Tomaten dazugeben, salzen und pfeffern.

Spargel 10 Minuten im siedendem Salzwasser kochen, herausnehmen und abtropfen lassen. In einer Pfanne mit etwas Butter, Zucker und Zitronensaft anbraten.

Spargel auf einem Teller anrichten, das Concassée dazugeben und den Lammrücken zur Hälfte geschnitten darauf anrichten. Nach Belieben mit Rosmarin dekoriert servieren.

Zutaten für 4 Personen

8 Knoblauchzehen
600 g Lammrückenfilet
Kräuter der Provence
30 g Paniermehl
4 Eigelb
etwas gehackte Petersilie und Petersilie für die Tomaten
Salz, Pfeffer
200 g weiche Butter
8 große feste Tomaten
2 Zwiebeln
20 Stangen Spargel
Zucker
Saft von 2 Zitronen
Rotwein zum Marinieren
Butter und Öl zum Braten

Dieses Rezept stammt von Familie Twardzik aus dem „Landgasthof Karze“ in Bleckede.

Lammrücken unter Kräuterkruste auf Tomaten-Concassée mit Spargel.

Nancy Petersen – eine Powerfrau von der Insel Föhr: Sie ist Köchin, Reittherapeutin, Seemannsfrau und auch noch fünffache Mutter.

Lammfleisch von der Nordseeküste gilt unter Feinschmeckern als Spezialität – ernähren sich doch die Tiere in salzhaltiger Luft von salzresistenten Pflanzen. Das gibt ihrem Fleisch eine ganz besondere Note. „Moutons de pré salé", also Salzwiesenschafe, sind in Frankreich eine besondere Delikatesse. Seit Jahrzehnten schon importieren die Franzosen Salzwiesenlämmer auch aus Nordfriesland. In Deutschlands Norden dagegen bleibt die Nachfrage erstaunlich gering – trotz vieler Aktionen der nordfriesischen Schäfer. Dabei gibt es traditionelle Rezepte mehr als genug.

Wie so viele Föhrer, die während der letzten 150 Jahre in die USA auswanderten, hat auch Nancy Petersen US-amerikanische Wurzeln, ist dort geboren und hat in den USA ihre ersten Lebensjahre verbracht. Wenige Jahre später ging sie mit ihren Eltern zurück nach Föhr, um den Bauernhof der Familie zu bewirtschaften. Da sie hervorragend kochen kann, hat Nancy Petersen in Wyk ein kleines Restaurant eröffnet, fünf Kinder bekommen, nebenbei eine Ausbildung als Tierheilpraktikerin gemacht und bietet auch Therapeutisches Reiten an. Denn ihr Mann, typisch friesisch, fährt als Kapitän zu See. So unkonventionell sie ihr Leben managt, so pflegt sie auch die nordfriesischen Traditionen. Ihre „Friesische Lammpfanne", die sie ihren Gästen im Restaurant serviert, stammt aus dem Rezeptbuch ihrer Familie.

Friesische Lammpfanne
mit Speck-Backpflaumen-Sauce

Zubereitung

Den Ofen auf 90 °C (Umluft) vorheizen. Die Lammkeule hohl auslösen (den Röhrenknochen entfernen; evtl. vom Metzger vorbereiten lassen) und das Fleisch in Streifen schneiden. Knoblauch schälen und hacken. Lammstreifen in die Saftpfanne des Ofens legen und mit Salz, Pfeffer und Knoblauch durchkneten. Den Boden der Pfanne mit etwas Wasser bedecken und das Lammfleisch im Ofen etwa 4 Stunden langsam garen.

Inzwischen für die Sauce den Speck klein würfeln und in einer Pfanne auslassen. Mit 500 ml Wasser ablöschen, den Sirup unterrühren und die Backpflaumen hinzufügen. Alles einmal aufkochen, dabei ständig rühren, anschließend bei niedriger Hitze etwa 45 Minuten einkochen lassen. Bei Bedarf Wasser nachgießen.

Die Bohnen putzen und waschen. Etwa 45 Minuten, bevor die Lammstreifen aus dem Ofen kommen, die Bohnen in Salzwasser bissfest kochen. Die Kartoffeln vierteln und in einer Pfanne im heißen Öl rundum anbraten. Die Birnen waschen, vierteln und entkernen.

Die gebratenen Kartoffelspalten in eine Auflaufform setzen, die Bohnen, die Birnen sowie die Lammstreifen mit dem Bratensaft darauf verteilen. Zum Schluss die Speck-Sirup-Backpflaumensauce darübergeben, nach Belieben einen Schuss Sahne hinzufügen und alles im Ofen bei 200 °C noch etwa 30 Minuten garen.

Zutaten für 4 Personen

1 Lammkeule (1,6 – 1,8 kg z. B. vom Föhrer Deichlamm)

2 – 3 Knoblauchzehen

Salz, Pfeffer

800 g grüne Bohnen

1 kg gekochte Salzkartoffeln

4 grüne Birnen

Öl zum Braten

Für die Speck-Backpflaumen-Sauce

200 g geräucherter Bauchspeck

5 EL Zuckerrübensirup

500 g Backpflaumen

Sahne nach Belieben

Das Rezept stammt von Nancy Petersen aus dem Restaurant „Die 13“ in Wyk auf der Insel Föhr.

Das Rezept stammt von Sieglinde Schröder aus dem „Gasthaus zum See" in Neuenkirchen.

Geschmorte Lammkeule
mit Tomaten und Rosmarin

In vielen Großschutzgebieten Mecklenburgs ist die konventionelle Grünlandbearbeitung eingeschränkt, allerdings brauchen viele seltene Wildtierarten kurze Wiesenflächen als Lebensraum zum Überleben. Das ist die Existenzgrundlage zahlreicher kleiner Schäfereien, die als „Landschaftspfleger" und weniger als Fleisch- oder Wolllieferanten bezahlt werden. In der Schaalseeregion beispielsweise gibt es etliche Schafherden, die hauptsächlich zur Landschaftspflege eingesetzt werden. Dass nebenbei ein sehr hochwertiges Fleisch heranwächst, verkennen die meisten Schlachtereien. „An den kleinen Schafen hängt doch kein Fleisch!" lautet oft das abwertende Urteil über die vergleichsweise langsam gewachsenen Tiere, die sich von den konventionell gehaltenen Fleischrassen deutlich unterscheiden. Nur wenige Landgasthäuser setzen ganz bewusst auf frisches Schaf- und Lammfleisch aus der Region. Denn das erfordert ein wenig mehr Mühe, als tiefgefrorene Fleischpakete aus Neuseeland aufzutauen.

Zubereitung

Den Ofen auf 180 °C vorheizen. Den Knoblauch schälen und in feine Scheiben schneiden. Die Tomaten waschen und in Würfel schneiden. Die Zitronen halbieren und auspressen. Die Rosmarinnadeln abstreifen und fein hacken.

Die Lammkeule in einen Bräter legen und mit Olivenöl, Zitronensaft, Salz, Pfeffer und gehacktem Chili bestreichen. Knoblauch, Tomaten und Rosmarin dazugeben. Den Bräter in den Ofen stellen und das Lamm darin zugedeckt etwa 1 Stunde garen.

Dann 500 ml Wasser zugießen und alles noch etwa 1,5 Stunden garen lassen. Je nach Ofen evtl. die Temperatur regulieren. Das fertige Fleisch aus dem Fond nehmen und im Ofen warm halten.

Den Bratenfond durch ein Sieb geben und nach Belieben binden. Mit Salz und Pfeffer abschmecken und die Lammkeule je nach Jahreszeit mit Gartensalat oder Gemüse und Salzkartoffeln servieren.

Zutaten für 6 Personen

2–3 Knoblauchzehen
6 Tomaten
2 Zitronen
3 Zweige Rosmarin
1 Lammkeule (ca. 2 kg; mit Knochen)
6 EL Olivenöl
Salz, Pfeffer
3 kleine Chilischoten

Das „Gasthaus zum See" von Sieglinde Schröder gilt in der Schaalseeregion als Geheimtipp.

Die Feldberger Seenlandschaft ist ein ganz besonderes Stück Mecklenburg. Das familiengeführte „Alte Zollhaus“, direkt am See gelegen, ist allein schon eine Reise wert.

Das Rezept stammt von Claudia Goerke aus dem Restaurant „Altes Zollhaus“ in Feldberg.

Lammkoteletts mit Linsensalat
und Paprika

Die junge Claudia Goerke studiert Tourismus am Bodensee und will danach das „Alte Zollhaus" von ihren Eltern übernehmen und weiter führen. Das Traditionshaus gehörte bis 1969 noch ihrer Familie, bis es schließlich enteignet wurde. Ihre Eltern kauften das Anwesen zurück und bauten es neu auf. In ihren Semesterferien managt Claudia, zusammen mit ihren Schwestern, schon jetzt das Haus und steht auch mal in der Küche ihre Frau.

Zubereitung

Die Linsen in kaltem Wasser einige Stunden einweichen und anschließend durch ein Sieb abgießen. Die Linsen in reichlich Salzwasser weich kochen, durch ein Sieb abgießen und abkühlen lassen.

Die Zwiebel schälen und sehr fein hacken. Das restliche Gemüse schälen bzw. putzen, waschen und in feine Würfel schneiden. In Salzwasser blanchieren. Die Linsen mit den Zwiebeln, Gemüsewürfeln, Essig und Öl mischen. Den Salat mit Zucker, Salz und Pfeffer abschmecken und einige Stunden ziehen lassen. Die Petersilie waschen, trockentupfen und grob hacken, kurz vor dem Servieren unter den Linsensalat heben.

Für die Lammkoteletts die Knoblauchzehe schälen, die Paprika putzen, vierteln und waschen. Die Koteletts in einer Pfanne in wenig Butterschmalz mit Knoblauch und Thymianzweig medium braten. Dann herausnehmen und warm stellen. Die Paprikaviertel mit der Hautseite in der Pfanne scharf anbraten.

Den Linsensalat auf Tellern anrichten und die Lammkoteletts mit den Paprikavierteln daraufsetzen.

Zutaten
für 6 Personen

Für den Linsensalat

600 g Linsen
Salz
1 Zwiebel
75 g Möhren
100 g Lauch
100 g Sellerie
3 EL weißer Balsamessig
6 EL Kürbiskernöl
1 Prise Zucker
Pfeffer
½ Bund glatte Petersilie

Für die Lammkoteletts

12 – 18 Lammkoteletts (2 – 3 pro Person)
1 Knoblauchzehe
2 – 3 rote Paprikaschoten
Butterschmalz
1 Zweig Thymian
Öl zum Braten

„Linsensalat – etwas exotisch, jedoch einfach zuzubereiten, gesund und super lecker!"
Heike Götz

Gebratene Entenbrust mit Rosenkohl,
Apfelrotkohl und Thymiankartoffeln

Wem eine ganze Gans (zu Weihnachten) zuviel ist, der sollte auf Ente ausweichen. Enten gelten vielen Genießern ohnehin als etwas zarter und noch schmackhafter als die traditionelle Weihnachtgans. Das wusste auch schon der Husumer Dichter und Schriftsteller Theodor Storm, der seinerzeit im benachbarten Schobüll eingekehrt ist. Die Gaststätte existiert heute noch, auch wenn sich die Speisekarte vielleicht seitdem ein wenig verändert hat.

Antje und Harald Frerks haben jahrelang den alten Krug (Schankerlaubnis seit 1707) in Schobüll bei Husum renoviert. Trotz der eher bodenständigen Küche werden die Kochkünste von Harald Frerks von vielen der einschlägigen Restaurantführer hoch bewertet. Als Fan alter Kochbücher gehört bei Harald Frerks das Weihnachtsessen von Theodor Storm, angepasst an den modernen Geschmack, mit auf die Speisekarte. Schließlich ist Storm auch selbst Hausgast in Schobüll gewesen.

Das Restaurant „Zum Krug“ bei Husum sieht wieder so aus, wie zu Theodor Storms Zeiten.

Zubereitung

Ofen auf 150 °C (Umluft) vorheizen. Entenbrüste mit Pfeffer und Salz würzen. In einer Pfanne ohne Fett auf der Hautseite kross anbraten, in eine ofenfeste Form setzen und im Ofen in 16–18 Minuten fertig braten (Kerntemperatur 55 °C). Herausnehmen, mit Alufolie abdecken und 10–15 Minuten ruhen lassen.

Für die Sauce das Röstgemüse schälen und in Stücke schneiden. Entenklein in einem Topf im heißen Öl anrösten. Tomatenmark und Röstgemüse dazugeben und anrösten, mit etwas Wasser ablöschen. Den Vorgang drei- bis viermal wiederholen.

Mit Hühnerfond auffüllen und alles zugedeckt bei niedriger Hitze etwa 1 Stunde köcheln. Dann durch ein feines Sieb gießen, den aufgefangenen Fond auf die Hälfte einkochen lassen, mit Pfeffer, Salz, Orangensaft und gehacktem Thymian abschmecken, und mit Butter binden.

Rotkohl von den äußeren Blättern befreien, vierteln und in Streifen schneiden. Zwiebel schälen und fein würfeln. Schweineschmalz zerlassen, Zwiebel darin leicht anschwitzen und Rotkohl dazugeben. Den Apfel schälen und dazureiben. Zucker, Salz und Essig sowie Lorbeer, Nelken, Pfeffer, Johannisbeergelee und etwa 200 ml Wasser dazugeben, alles bei niedriger Hitze etwa 45 Minuten garen, dabei öfter umrühren.

Inzwischen Rosenkohl putzen und in etwa 3 l Wasser mit 1 EL Salz aufkochen. Rosenkohl etwa 8 Minuten bissfest kochen, dann mit kaltem Wasser abschrecken. Vor dem Anrichten in zerlassener Butter schwenken und mit Muskat würzen.

Zutaten für 4 Personen

Für die Entenbrust

600 g Entenbrustfilets

Pfeffer, Salz

ca. 100 g Röstgemüse (Zwiebeln, Möhren, Sellerie, Petersilienwurzel zu gleichen Teilen)

1 kg Entenklein (Hals, Flügel, Herz, Magen etc.)

½ TL Tomatenmark

750 ml Hühnerfond (Glas) oder Wasser

3–4 EL Orangensaft

2 kleine Zweige Thymian

1–2 EL kalte Butter (in Flocken)

Öl zum Braten

Für den Rotkohl

400–500 g Rotkohl

1 kleine Zwiebel

2 EL Schweineschmalz

1 kleiner Apfel

1 EL Zucker

1–2 TL Salz

2–3 EL Weinessig

1 kleines Lorbeerblatt

3–4 Nelken

Pfeffer

1 EL Johannisbeergelee

Die Kartoffeln waschen und mit der Schale in Salzwasser kochen. Mit kaltem Wasser abschrecken, pellen und in zerlassener Butter mit gehacktem Thymian schwenken. Für die Garnitur den Apfel waschen, entkernen und vier Scheiben abschneiden. Die Apfelscheiben in einer Pfanne in Butter kurz anschwitzen. Die Orange schälen und filetieren, je zwei Filets auf jede Apfelscheibe setzen.

Die Entenbrust in Scheiben geschnitten mit Rosen- und Rotkohl sowie Kartoffeln und Sauce servieren.

Für den Rosenkohl

400 g Rosenkohl

Salz

1 EL Butter

Muskatnuss

Außerdem

1,5 kg festkochende Kartoffeln (Sorte Linda)

Salz

2 Thymianzweige

1 Apfel (z. B. Cox Orange oder Jonathan)

1 Orange

Butter zum Braten

Das Ehepaar Frerks sind nicht nur hervorragende Gastgeber, sondern auch Experten für historische Kochkultur in Nordfriesland.

Das Rezept stammt von Antje und Harald Frerks aus dem Restaurant „Zum Krug" in Schobüll.

Holger Kliewe hat auf Rügen schon als Kind Geflügel gezüchtet, arbeitet heute noch im Rügener Geflügelzüchterverein mit. Dabei ist er seit 20 Jahren Vollprofi, seitdem er den Hof der Familie nach der Wende wieder privat bewirtschaftet. Er hält Gänse und Enten im Freiland und das im großen Stil. Er vermietet nebenbei Ferienwohnungen und hat ein Hofrestaurant eröffnet, in dem es auch Enten- und Gänsespezialitäten gibt. Tiefgefroren oder frisch geschlachtet? Das ist für ihn keine Frage, in der Kaufhalle könne man nicht mehr wirklich erkennen, ob das Tier eine glänzende und makellose Haut habe, meint er, für ihn sei das ein Indikator für gute Qualität.

Für ihn schmeckt die Gans am besten, wenn sie rundherum knusprig ist. Die Zubereitung einer Gans inklusive der Sauce sei im Grunde nicht viel schwerer als die Zubereitung einer Currywurst.

Weihnachtsgans klassisch

Zubereitung

Äpfel schälen und entkernen, mit Brot und Backpflaumen für die Füllung grob würfeln und mit Thymian mischen. Salz, Pfeffer und Thymian zum Würzen ebenfalls mischen.

Hals und Flügelspitzen mit einem scharfen Messer von der Gans abtrennen. Innereien aus der Gans entnehmen, diese gründlich waschen und kräftig von Innen würzen.

Den Ofen auf 120 °C vorheizen. Die vorbereitete Füllung in der Gans verteilen und anschließend die Keulen mit Küchengarn zusammenbinden. Gans von außen kräftig würzen (sie nimmt nur soviel Salz auf, wie sie braucht, Rest nach dem Backen abklopfen). Hals, Flügelspitzen und Innereien mit etwas Wasser in eine ausreichend große, ofenfeste Form setzen und unter den Gitterrost des Backofens platzieren. Die Gans auf den Gitterrost legen und etwa 1 Stunde pro kg Gans garen, also bei 4 kg = 4 Stunden. Anschließend herausnehmen und vor dem Servieren noch kurz ruhen lassen.

Wurzelgemüse mit einem Teil des ausgetretenen Gänsefetts aus der ofenfesten Form in einem Topf anbraten (Rest als Schmalz in kleine Gläser abfüllen und kalt werden lassen) und mit Rotwein oder Kirschsaft ablöschen. Kurz einkochen lassen und mit Gänsefond auffüllen. Danach etwa 30 Minuten köcheln lassen und nach Belieben mit Saucenbinder oder Mehlschwitze abbinden. Abschmecken nur mit Salz, Pfeffer und Thymian und zur Gans servieren.

Zutaten
für 4 - 5 Personen

300 g Äpfel

300 g Brot

300 g Backpflaumen

1 Bund Thymian

Salz, Pfeffer

1 Gans (4 – 5 kg; mit Innereien)

1 Bund Wurzelgemüse (Zwiebel, Möhre, Sellerie)

200 ml Rotwein oder Kirschsaft

400 ml Gänsefond (Glas)

Küchengarn

TIPP

Knochengerüst, Füllung, Innereien, Fett und Bratenfond aus dem Bräter, Hals und Flügel mit Wasser nach dem Festtagsessen in einem Topf etwa 2 Stunden auskochen und den abpassierten Fond für das nächste Jahr einkochen oder einfrieren.

„Eine Gans, die draußen und in Ruhe gewachsen ist und dann – wie früher – zubereitet wird ‚im Ganzen‘: Ein besseres Weihnachtsessen gibt es für mich nicht.“

Heike Götz

Das Rezept stammt von Holger Kliewe in Ummanz (Rügen).

Entenbrust auf Thymian-Sherry-Jus

mit Kartoffeltalern und Spitzkohl

Immer vom Handel abhängig sein, ging Wilfried Stecher, Landwirt aus Jerstedt bei Goslar, schon seit Jahren auf die Nerven. Kurzentschlossen kaufte er sich Marktstände und baute sie an der Bundesstraße zwischen Goslar und Salzgitter auf. Was er anbot, war ausschließlich aus eigener Produktion. Gleich hinter seinen Ständen waren seine Gemüsefelder und der Stall mit den Enten – mit täglichem Auslauf. Die Geschäfte liefen besser, als es sich Wilfried Stecher zu träumen wagte. Voller Tatendrang baute er auf seinem Hof einen Hofladen mit Café und Restaurant. Natürlich war wieder alles teurer als geplant, aber Laden und Café liefen. Nach wenigen Monaten war der Hof der „Geheimtipp" in der Region. Köstlichkeiten aus eigener Produktion gibt es eben nicht so oft. Wilfried Stecher hat eine Marktlücke entdeckt und sie erfolgreich besetzt.

Zubereitung

Für die Kartoffeltaler die Kartoffeln schälen und in Salzwasser kochen. Dann abgießen und die warmen Salzkartoffeln durch die Kartoffelpresse drücken, etwas abkühlen lassen. Kartoffelmasse mit Salz, Pfeffer, Muskat und Thymian würzen. Mit Stärke und Eigelb zu einem klebrigen Teig mischen, abkühlen lassen.

Aus dem Kartoffelteig kleine Rollen (ca. 4–6 cm Ø) formen und in etwa 1 cm dicke Scheiben schneiden. Die Taler zum Servieren in einer Pfanne in Butter goldgelb ausbacken.

Den Spitzkohl von den äußeren Blättern befreien und in feine Streifen schneiden. Die Streifen in Salzwasser etwa 15 Minuten vorgaren. Inzwischen die Zwiebel schälen und in feine Würfel schneiden. In einer Pfanne mit Butter andünsten, dann mit Essig und Wein ablöschen und den Spitzkohl dazugeben. In etwa 15 Minuten fertig garen.

Für die Entenbrust den Ofen auf 115 °C vorheizen. Die Entenbrust mit Thymian und Lavendel in einem Bräter im heißen Öl von jeder Seite etwa 5 Minuten anbraten und im Ofen noch etwa 20–25 Minuten garen. Aus dem Ofen nehmen, die Entenbrust beiseitestellen. Den Sud mit Sherry und Fleischbrühe ablöschen, einkochen lassen und etwas andicken.

Die Entenbrust zum Anrichten in dünne Scheiben schneiden und mit Kartoffeltalern und Spitzkohl servieren.

Zutaten für 4 Personen

Für die Kartoffeltaler

600 g mehlig kochende Kartoffeln

Salz, Pfeffer

Muskatnuss

1 TL fein gehackter Thymian

1–2 TL Speisestärke

2–3 Eigelb

Butter zum Ausbacken

Für den Spitzkohl

600 g Spitzkohl

Salz

1 Zwiebel

Butter

3–4 EL Essig

50 ml süßer Weißwein

Für die Entenbrust

900 g Entenbrustfilets

je 1 TL getrockneter Thymian und Lavendel

1 EL Sherry

250 ml Fleischbrühe

Öl zum Braten

Das Rezept stammt von Wilfried Stecher aus dem „Hofcafé" in Jerstedt/Goslar.

Entenbrust auf Thymian-Sherry-Jus mit Kartoffeltalern und Spitzkohl.

Das Rezept stammt von Kurt Jäger aus dem „Hotel Haferland“ in Wieck auf dem Darß.

Kalte Joghurt-Ziegenkäse-Suppe

mit Beeren

Wenn im Juni oder Juli der Garten plötzlich voll mit frischen Beeren und Kräutern ist, dann kommt man oft genug mit der Ernte und dem Verzehr kaum nach. Johannisbeeren, Stachelbeeren, Himbeeren, Erdbeeren, ... und die Familie ist für jede Rezeptvariation dankbar, die Hotelgäste im wunderschön gelegenen Reetdachhotel „Haferland" in Wieck auf dem Darß natürlich auch. Denn nur ein kleiner Teil der Beeren aus dem Hotelgarten wandert direkt in den Mund der Gäste – es ist in der Saison einfach nicht zu schaffen. Hier sind die Beeren delikat zubereitet als Nachtisch auf der Speisekarte zu finden.

Zubereitung

Den Ziegenfrischkäse und den Joghurt mit der Milch in einem hohen Rührbecher mischen. Alles mit dem Honig, Salz, Pfeffer und dem Zitronensaft würzen und mit dem Stabmixer etwa 2 Minuten schaumig rühren.

Die kalte Suppe mit Balsamessig abschmecken und in tiefe Teller verteilen. Zum Servieren mit Olivenöl beträufeln und mit Beeren und gezupften Kräutern dekorieren. Am besten kühl servieren.

Zutaten für 4 Personen

250 g Ziegenfrischkäse
400 g Joghurt
200 ml Milch
1 EL Honig
Salz, Pfeffer
Saft von 1 Zitrone
1 – 2 TL Balsamessig
Olivenöl
200 g Schwarze Johannisbeeren (ersatzweise Beerenmix)
Zitronenmelisse, Minze oder Vogelmiere

„Explosion der Sinne“

Rote-Bete-Pesto mit Kräutern

Rote Bete ist reich an Vitamin B, ihr Saft gilt als leistungsfördernd und wird auch als Färberpflanze genutzt. Die Römer brachten die Pflanze einst nach Nordeuropa und sie gedeiht hier prächtig. Verwandt ist sie mit der Zuckerrübe und dem Mangold.

Zubereitung

Die Rote Bete schälen und in etwa 1 cm große Würfel schneiden. Die Zwiebel schälen und in feine Würfel schneiden. Die Zwiebel in einem Topf in 2 EL Olivenöl andünsten, die Rote Bete dazugeben und bei kleiner Hitze in etwa 15 Minuten weich dünsten. Alles in einem Küchenmixer oder mit dem Mixstab pürieren.

Die Kräuter waschen, trockentupfen und fein schneiden. Die Haselnüsse in einer Pfanne ohne Fett vorsichtig rösten. Alle Zutaten zu einem Pesto verrühren. In ein kleines Glas füllen, noch etwas Olivenöl auf das Pesto geben und im Kühlschrank aufbewahren.

Zutaten
für 1 Glas Pesto

200 g Rote Bete

50 g Gemüsezwiebel

4 EL Olivenöl

1 Handvoll Bergbohnenkraut, Thymian und Majoran

40 g gemahlene Haselnüsse

Stein- oder Meersalz

TIPP

Für eine noch raffiniertere Variante die Kräuter durch Pfefferminze, Zitronenmelisse und Vanille austauschen.

Kürbiscremesuppe
mit Kürbiskernöl

Der Hokkaido-Kürbis ist sicherlich der wohlschmeckendste aller Kürbissorten. Ein amerikanischer Agrarberater brachte Ende des 19. Jahrhunderts Kürbissamen nach Japan. Auf der Insel Hokkaido wurde dann mit den Kürbissen weiter gezüchtet. Der Hokkaido-Kürbis ist gekocht, gebraten, aber auch roh essbar. Sein Siegeszug um die Welt begann in den siebziger Jahren. Ingwer und Chili passen auch hervorragend zu der Frucht.

Zubereitung

Das Fruchtfleisch des Kürbisses grob in Stücke schneiden und in einem Topf mit der Brühe bedecken. Das Ganze aufkochen und 20–25 Minuten köcheln lassen, bis der Kürbis weich ist.

Die Kürbissuppe mit dem Stabmixer pürieren. Anschließend Crème fraîche und Weißwein dazugeben und gut verrühren, jetzt nicht mehr kochen lassen! Die fertige Suppe zum Schluss mit Petersilie und je einem Schuss Kürbiskernöl krönen.

Zutaten für 4 Personen

500 g Kürbisfleisch (am besten Hokkaido oder Butternut)
500 ml Gemüsebrühe
200 g Crème fraîche
100 ml Weißwein
2 EL gehackte Petersilie
Kürbiskernöl

TIPP

Für geröstete Kürbiskerne die Kerne und umliegendes Fruchtfleisch mit einem Löffel aus dem Kürbis kratzen und in ein Sieb geben. Unter fließendem, kaltem Wasser gründlich waschen und die Kürbiskerne vollständig vom Kürbisfleisch befreien. Die Kerne auf einem Backblech ausbreiten und mit reichlich Salz bestreuen. Das Backblech bei 200 °C in den Ofen schieben und die Kürbiskerne darin etwa 10 Minuten rösten. Wenn sie leicht Farbe genommen haben, das Blech herausnehmen und die Kürbiskerne einmal wenden. Nochmals in den Ofen schieben, bis sie auch von der anderen Seite leicht braun sind.

„Ich liebe Kürbissuppe. Schon allein deshalb freue ich mich immer auf den Herbst."
Heike Götz

Das Rezept stammt von Dr. med. Michael Weiß aus Gelting.

Gänsekeule süß-sauer

mit Apfelrotkohl

Die Kombination süß-sauer oder auch süß-salzig ist jenseits Norddeutschlands für viele ungewohnt, auch wenn diese Geschmacksrichtung im fernen China international gerühmt wird. Im Dörfchen Blunk bei Bad Segeberg darf das Traditionsgericht „Gänsekeule süß-sauer" im Landgasthaus auf der Karte nicht fehlen.

Über 100 Jahre lang firmierte das Restaurant unter dem Namen „Landhotel zum Schinkenkrug", doch Angela und Stephan Schulze-Hamann, die den Familienbetrieb 1983 übernommen haben, haben den Ehrgeiz, das Haus mit einer anspruchsvolleren Küche künftig rentabel zu bewirtschaften und setzen seit einigen Jahren auf eine gehobene regionale Küche. Auch sie sind Mitglied im Verband „Feinheimisch". In der kälteren Jahreszeit stehen, neben Wildgerichten, vor allem Geflügelrezepte im Vordergrund.

TIPP

Die Gänsekeulen können gut vorbereitet werden, sie halten sich, kühl gestellt, 5–6 Wochen im Fond, der auf der Oberfläche eine Fettschicht bildet. Zum Fertigstellen die Keulen im Fond etwa 20 Minuten vorsichtig erhitzen.

Zubereitung

In einem großen Topf aus 1,5 l Wasser mit Zucker, Tafel-Essig, Nelken, Lorbeer, Pfeffer und Wein-Branntwein-Essig, geschälter Zwiebelhälfte und Salz einen Fond bereiten. Erhitzen und etwa 30 Minuten bei niedriger Hitze durchziehen lassen. Dann die Gänsekeulen (ggf. vorher auftauen lassen) mit Knochen kalt waschen, in den Fond legen und darin etwa 2,5 Stunden langsam garen. Anschließend kurz ruhen lassen.

Ofen auf 250 °C vorheizen. Gänsekeulen aus dem Fond nehmen, mit braunem Zucker bestreuen und in einem Bräter im Ofen 8 – 10 Minuten knusprig braun braten. Für die Sauce 1 TL braunen Zucker in einem Topf karamellisieren und mit dem durchgeseihten Fond ablöschen, mit Mehlbutter binden, nochmals abschmecken.

Für den Apfelrotkohl den Rotkohl von den äußeren Blättern befreien und vierteln. Den Strunk herausschneiden und den Kohl mit der Küchenmaschine oder dem Gurkenhobel fein raspeln. Äpfel waschen, schälen und in Spalten schneiden. Zwiebel schälen und klein hacken.

Butterschmalz in einem Topf erhitzen und den Zucker darin hellbraun werden lassen. Äpfel und Zwiebel dazugeben, kurz anbraten, dann den Kohl untermischen und ebenfalls kurz anbraten. Den Essig über den Kohl gießen, so behält er seine schöne Farbe. Brühe angießen, den Kohl mit Salz, Lorbeer und Nelken würzen. Bei mittlerer Hitze in etwa 40 Minuten weich dünsten, dabei bei Bedarf noch etwas Wasser oder Brühe zugießen und immer wieder durchrühren.

Die Gänsekeulen mit der Sauce und dem Apfelrotkohl servieren. Dazu schmecken Salzkartoffeln.

Zutaten für 4 – 5 Personen

Für die Gänsekeulen

6 EL Zucker

250 ml Tafel-Essig

5 Nelken

3 Lorbeerblätter

10 Pfefferkörner

250 ml Wein-Branntwein-Essig

½ Zwiebel

40 g Salz

4 – 5 frische Gänsekeulen (je ca. 500 g; ersatzweise TK)

brauner Zucker

1 – 2 EL Mehlbutter

Für den Apfelrotkohl

1 Rotkohl (ca. 1 kg)

2 säuerliche Äpfel

1 Zwiebel

2 EL Butterschmalz

2 TL Zucker

2 EL Rotweinessig

250 ml Gemüsebrühe (oder Wasser)

Salz

1 Lorbeerblatt

2 Gewürznelken

Das Rezept stammt von Frau Hamann aus dem „Landhaus Schulze-Hamann" in Blunk.

Gänsekeule süß-sauer mit Apfelrotkohl.

Gratinierte Feigen mit Ziegenfrischkäse
an Rosmarin-Orangen-Sauce

Zubereitung

Den Ofen auf Grillfunktion vorheizen. Die Feigen mit Küchenpapier leicht abreiben und halbieren. Die Pinienkerne in einer Pfanne ohne Fett rösten und mit dem Honig unter den Ziegenfrischkäse rühren. Die Feigen etwas aushöhlen und mit dem angerührten Ziegenfrischkäse füllen. Im Ofen unter dem Grill 5 – 8 Minuten gratinieren.

Für die Sauce die Butter in einer Pfanne zerlassen. Den Zucker einstreuen und karamellisieren lassen, die Rosmarinnadeln abstreifen und dazugeben. Mit Orangenlikör ablöschen und mit Orangensaft auffüllen, etwas geriebene Orangenschale darübergeben. Das Ganze auf weniger als die Hälfte einkochen und evtl. passieren. Über die gratinierten Feigen gießen und servieren.

Zutaten für 4 Personen

Für die Feigen

4 frische Feigen

20 g Pinienkerne

1 EL Akazienhonig

150 g Ziegenfrischkäse

schwarzer Pfeffer

Für die Rosmarin-Orangen-Sauce

1 EL Butter

2 EL Zucker

2 Zweige Rosmarin

2 cl Orangenlikör

Saft und abgeriebene Schale von 2 unbehandelten Orangen

Das Rezept stammt aus dem Restaurant und der Kochschule „Kleine Kommode“ von Christiane Flache in Zorge.

Das Rezept stammt von Elena Ehrlich aus dem „Café Ehrlich“ in Gilge.

Gedämpfte Mantys

Teigtaschen mit Hackfüllung

„Tilsiter Käse" oder „Königsberger Klopse" sind nur zwei von vielen ostpreußischen Spezialitäten, die deutschlandweit bekannt sind. Wenn ein Tourist in der Region Königsberg heute nach „Klopsen" verlangt, bekommt er bestenfalls ein genervtes Lächeln zu sehen. Doch inzwischen leben wieder etliche deutschstämmige Familien in der Region Königsberg, die in den vergangenen Jahrzehnten in der Sowjetunion wiederholt zwangsumgesiedelt wurden. Viele sind inzwischen ganz nach Deutschland gezogen, doch Elena Ehrlich hat bei Gilge, direkt am Kurischen Haff, eine neue Heimat gefunden. Die aus einer wolgadeutschen Familie stammende Elena Ehrlich ist mit ihren Töchtern zuletzt vor 20 Jahren aus Kasachstan vertrieben worden und hat sich dann bei Gilge eine Ruine zur Pension ausgebaut. Ihre Töchter leben inzwischen in Deutschland, aber Elena hängt an ihrer so mühsam aufgebauten neuen Heimat und bewirtet mit großem Engagement ihre Gäste. „Königsberger Klopse" gibt es zwar auch bei ihr nicht, aber die „Mantys", eine Art Maultaschen mit Hackfleischfüllung, sind ein wirkliches Geschmackserlebnis.

Zubereitung

Zuerst die Zutaten für den Teig verkneten. Den Teig in Frischhaltefolie wickeln und mindestens 1 Stunde im Kühlschrank ruhen lassen.

Für die Füllung die Zwiebeln schälen und fein würfeln. Den Kürbis fein raspeln. Das Hackfleisch mit den Zwiebeln und dem Kürbis sowie Milch verrühren und mit Salz und Pfeffer würzen.

Den Teig auf einer bemehlten Arbeitsfläche dünn ausrollen und runde Fladen ausstechen. Jeweils eine kleine Portion Hackfüllung daraufgeben, die Teigkreise zusammenklappen und die Ränder gut andrücken.

Anschließend die Mantys etwa 40 Minuten in einem Sieb über Wasserdampf garen lassen (im Einsatz des Dampfkochtopfs oder in einem speziellen Manty-Dampftopf). Die fertigen Mantys nach Belieben mit Schmand, Ketchup, Letscho oder mit anderen Beilagen servieren.

Zutaten für 4 – 5 Personen

Für den Teig

750 g Mehl
250 ml Wasser
2 Eier, 1 Prise Salz
Mehl für die Arbeitsfläche

Für die Füllung

2 große Zwiebeln
ca. 200 g Kürbisfleisch
300 g Rinderhackfleisch
300 g Lammhackfleisch (ersatzweise Rinderhackfleisch)
400 g Schweinehackfleisch
ca. 200 ml Milch (oder Wasser)
Salz, Pfeffer

Soufflé von altem Gouda

auf süß-sauren Johannisbeeren

In der Burg Bentheim wird Geschichte greifbar. Das mächtige Bauwerk liegt erhaben über Bentheim und gibt die weite Sicht bis in die Niederlande frei. Die Alchemistenstube gibt Einblick in die geheimnisvolle Vergangenheit der Alchemisten, der Pulverturm mit den Kanonenkugeln in der Wand berichtet von der kriegerischen Vergangenheit und die Katharinenkirche ist im schlichten gotischen Stil erbaut worden.

Zubereitung

Am Vortag für die Johannisbeeren in einem Topf Essig und Zucker auf die Hälfte einkochen und abkühlen lassen. Die gewaschenen Johannisbeeren darin etwa 12 Stunden ziehen lassen.

Am nächsten Tag für das Soufflé den Ofen auf 200 °C vorheizen. Die Butter schmelzen, das Mehl einrühren und die heiße Milch dazugeben, gut verrühren und etwa 2 Minuten kochen lassen. Mit Salz und Pfeffer würzen. Die Eier trennen, den Käse reiben. Backpulver, Käse und Eigelb unter die kalte Béchamel-Sauce rühren. Eiweiß mit etwas Salz zu Schnee schlagen und unter die Masse heben.

Kleine ofenfeste Förmchen mit Butter auspinseln und mit Paniermehl ausstreuen. Die Soufflé-Masse bis knapp unter den Rand einfüllen und die Förmchen in den Ofen stellen. 80 °C heißes Wasser in eine flache Schale geben und unten in den Ofen dazustellen. Die Soufflés im Ofen etwa 15 Minuten backen, sofort servieren.

Für den Salat die Äpfel waschen, vierteln, entkernen und in feine Spalten schneiden. Den Feldsalat putzen, waschen und trocken schleudern. Für das Dressing den Frischkäse mit Essig, Ölen und Ahornsirup verrühren. Mit Salz und Pfeffer würzen und Apfelspalten unterheben. Den Feldsalat auf Tellern anrichten. Das Dressing darübergeben und den Salat mit Walnüssen bestreuen. Die fertigen Soufflés mit den Johannisbeeren zum Feldsalat setzen und sofort servieren.

Zutaten für 8 Personen

Für die Johannisbeeren

100 ml Essig (5 %)
100 g Zucker
80 g Johannisbeeren (ersatzweise TK)

Für das Soufflé

25 g Butter, 25 g Mehl
125 ml heiße Milch
Salz, Pfeffer
4 Eier, 60 g alter Gouda
1 Prise Backpulver
Butter und Paniermehl für die Förmchen

Für den Apfelfeldsalat

4 Äpfel
320 g Feldsalat
320 g Frischkäse
4 EL Weißweinessig
6 EL Traubenkernöl
2 EL Walnussöl
2 EL Ahornsirup
Salz, Pfeffer
80 g Walnusskerne

Das Rezept stammt vom „Alten Landhaus Buddenberg" in Ringe.

Teigtaschen mit dreierlei Füllung

Piroggen

Masuren – immer noch ein Traum aus vergangener Zeit. Endlose Wälder, glitzernde Seen, eine Landschaft, die einen gefangen nimmt. Ob im Winter oder im Sommer, Masuren hat immer seinen Reiz. Viele Bauern bieten private Unterkünfte, viele sprechen deutsch und sind hilfsbereit, damit man sich die Perlen Masurens erschließen kann. Piroggen sind so was wie das Nationalgericht in Polen und Russland. Und sie schmecken immer wieder – in allen Varianten.

Zubereitung

Für den Teig das Mehl mit 1 TL Salz in eine Schüssel geben. Etwa 400 ml kaltes Wasser unter ständigem Rühren dazugeben, ohne dass Klümpchen entstehen. Soviel Wasser zugießen, dass der Teig weich wird. Alles durchkneten, bis der Teig nicht mehr an den Händen klebt. Den Teig in Folie wickeln und ruhen lassen. Inzwischen die drei Füllungen vorbereiten, diese sollten weder zu zäh noch zu weich sein.

Für die russischen Teigtaschen die Kartoffeln in Salzwasser kochen, abgießen und pellen. Die Zwiebeln schälen, würfeln und im heißen Öl braun anbraten. Die gestampften Kartoffeln, Zwiebeln und Quark mischen und die Füllung mit Salz und Pfeffer würzen.

Für die süßen Teigtaschen die Rosinen waschen und abtropfen lassen. Alle Zutaten verrühren und die Rosinen untermischen. Falls die Füllung zu trocken ist, noch 1 EL Sahne dazugeben.

Zutaten
für 4 – 6 Personen

Für den Teig
1 kg Mehl
Salz
etwas Öl
Mehl für die Arbeitsfläche

Für russische Teigtaschen
1 kg Kartoffeln
Salz
4 Zwiebeln
1 EL Öl
500 g Quark
Pfeffer

Für die polnischen Teigtaschen den Kohl in einen Topf legen und mit kaltem Wasser vollständig bedecken. Die gewaschenen Pilze darüberlegen und alles über 1 Stunde kochen, bis das Wasser verdampft ist. Wenn der Kohl weich ist, Pilze herausnehmen und klein hacken. Die Zwiebel schälen, würfeln und im heißen Öl braun anbraten. Pilze und Kohl dazugeben und alles braten. Mit Salz und Pfeffer abschmecken, abkühlen lassen.

Jeweils Teigstücke in Walnussgröße abnehmen und zu Kugeln formen. Die Kugeln auf einer bemehlten Arbeitsfläche zu Kreisen von etwa 5 cm Ø ausrollen. Die Teigkreise mit Mehl bestäuben, jeweils etwas Füllung in die Mitte geben, Teigkreise zusammenklappen und die Ränder festdrücken. Die Teigtaschen auf ein mit Mehl bestreutes Brett legen und mit einem Küchentuch abdecken.

Ausreichend Salzwasser mit 1 Tropfen Öl in einem großen flachen Topf zum Kochen bringen und die Teigtaschen hineingeben. Mit einem Holzlöffel so lange vorsichtig rühren, bis sie an die Oberfläche kommen, ohne dass sie zusammenkleben. Dann die Teigtaschen mit einer Schaumkelle vorsichtig herausnehmen. Nach Belieben in Butter und in Paniermehl geschwenkt servieren.

Für süße Teigtaschen

50 g Rosinen
400 g Halbfett-Quark
1 Eigelb
3 EL Zucker
1 TL Vanillezucker
1 gestr. TL Zimt

Für polnische Teigtaschen

½ Weißkohl
100 g getrocknete Pilze
1 große Zwiebel
1 EL Öl
Salz, Pfeffer

TIPP

Übriggebliebene Teigtaschen können Sie entweder in kochendem Salzwasser aufwärmen, in Butter kurz ausbraten oder in einer Auflaufform mit etwas zerlassener Butter und Käse überbacken.

Das Rezept stammt von Ewa Kaczynska aus Barczewo (Polen).

Backen nach den Jahreszeiten

NDR

Wenn früher alle drei bis vier Wochen auf den Höfen im Steinofen Brot gebacken wurde, kam ganz zum Schluss, wenn die Brote fertig waren, noch das Feingebäck in den mit Holz geheizten Ofen: Kuchen, Kekse und Tortenböden. Vom einfachen Butterkuchen bis hin zu ausgefeilten Tortenkreationen – im Laufe der Jahrhunderte änderten sich Geschmack und Machart und leckere Rezepte verbreiten sich bis heute schnell übers ganze Land.

Trotzdem haben sich regionale Vorlieben bis heute erhalten, auch wenn die Zutaten wie Mehl, Eier, Butter, Sahne oder auch Beeren, Äpfel, Pflaumen, Kirschen immer wieder neu kombiniert werden und im Prinzip überall zu haben sind.

Seit einigen Jahren erleben Kuchen- und Tortenkreationen auf dem Lande eine neue Blüte: Land- und Hofcafés haben vielerorts traditionellen Konditoreien den Rang abgelaufen. Alte und neue Landfrauenrezepte locken Gäste von weit her an, versprechen guten Geschmack mit regionalen Zutaten in Kombination mit frischer Luft: „Der kleine Urlaub zwischendurch" oder auch ein Ausflug in die vermeintlich gute alte Zeit, als der Kuchen noch nicht vorgebacken aus der Tiefkühltruhe kam.

Die Nordfriesischen Inseln wie Sylt, Amrum, Föhr sind heute beliebte, teilweise schon exklusive Urlaubsinseln. Die offene Nordsee, weite Strände, die ursprüngliche Dünenlandschaft – die Insulaner profitieren bereits seit Jahrzehnten vom Tourismus. Das sah bis in die sechziger Jahre noch ganz anders aus: Landwirtschaft und Fischerei brachten damals schon wenig ein und sehr viele Insulaner wanderten aus, vor allem nach Amerika. Fast jede Familie der „Inselfriesen" hat Verwandtschaft in den USA. Erst, als sich langsam der Tourismus auf den Inseln entwickelte, gab es für junge Leute berufliche Perspektiven. Der gelernte Bäcker Herbert Schult war noch Ende der fünfziger Jahre nach New York ausgewandert, hörte dann aber einige Jahre später, dass die Bäckerei in Norddorf auf Amrum zu haben war. Er kehrte zurück nach Amrum und steckte jeden gesparten Dollar in den kleinen Betrieb. Fleißig, qualitätsbewusst und durchaus geschäftstüchtig hat die Familie sich konsequent auf den boomenden Tourismus konzentriert und nebenbei auch noch im Wortsinn „kleine Brötchen" für die Amrumer selbst gebacken. Und so erzählt Sohn Karsten Schult, dem man den Konditormeister sofort ansieht, auch ganz offen, dass es ein Geselle war, der seinerzeit das Rezept der originalen Friesentorte in den Betrieb mitbrachte – es war die Lieblingstorte seiner Tante. Heute ist die „Amrumer Friesentorte" im Café Schult ein absoluter Klassiker – nur echt, wenn der Blätterteig tatsächlich frisch gerollt wurde.

Friesentorte Amrumer Art

Zubereitung

Am Vortag den Blätterteig zubereiten. Für den Grundteig alle Zutaten mit dem Handrührgerät kurz verkneten, dann den Teig mit den Händen zu einem Rechteck formen und kühl stellen. Für die Buttermasse Mehl und Butter verkneten, ebenfalls zu einem Rechteck formen und kühl stellen.

Wenn die Buttermasse gut durchgekühlt ist, den Grundteig auf einer bemehlten Arbeitsfläche auf etwa DIN A4-Größe ausrollen. Die Buttermasse (Fettschicht) in den Grundteig (Teigschicht) einschlagen und das Ganze auf doppelte Länge ausrollen.
Dann s-förmig zusammenfalten ('Einfache Tour'). Anschließend den Teig auf doppelte DIN A4-Länge ausrollen, erneut einschlagen („Doppelte Tour").

Den Teig im Kühlschrank mindestens 30 Minuten kühl stellen. Anschließend jeweils nochmals die einfache und die doppelte Tour einrollen und wieder in den Kühlschrank stellen.

Am nächsten Tag den Ofen auf 180 °C vorheizen.
Den Teig zu zwei 2–3 mm dünnen rechteckigen Böden ausrollen und auf zwei gefettete Backbleche legen. Einige wenige Einstiche mit dem Messer verteilt über die Teigfläche verhindern beim Backen zu große Blasenbildung. Die beiden Böden im Ofen in etwa 15 Minuten goldbraun backen. Aus den beiden abgekühlten Böden mit einem runden Tortenring jeweils eine Blätterteigschicht ausstechen.

Zutaten für 1 Springform (28 cm Ø)

Für den Blätterteig

Grundteig:

240 g Mehl

200 ml kaltes Wasser

1 Prise Salz

Buttermasse:

160 g Mehl

500 g Butter

Mehl für die Arbeitsfläche

Fett fürs Blech

Für die Füllung auf der unteren Schicht Pflaumenmus nicht ganz bis zum Rand verstreichen. Die Sahne mit dem Puderzucker steif schlagen und auf dem Boden bis zum Rand glatt verteilen. Dann aus den Randstücken des Blätterteigbodens eine Mittelschicht flächendeckend auflegen. Wieder Pflaumenmus und Sahne aufbringen, dann die Deckschicht aus Blätterteig mit der Unterseite nach oben auflegen und leicht andrücken und mit etwas Puderzucker bestäuben.

Den Tortenrand mit gerösteten Mandelblättchen rundum verzieren. Je nach Einteilung der Stücke die Deckschicht mit einem scharfen Messer vorschneiden und genießen.

Für die Füllung

200 g Pflaumenmus

1 l Sahne

2 EL Puderzucker

ca. 250 g geröstete Mandelblättchen

Puderzucker zum Bestäuben

„Ohne ein Stück Friesentorte bei Bäcker Schult in Norddorf ist ein Besuch auf Amrum nicht perfekt. An ‚guten' Zutaten wird hier nicht gespart. Das schmeckt!"
Heike Götz

Das Rezept stammt von Karsten Schult aus Norddorf/Amrum.

Brød Tarte

Der „Jütländischen Kaffeetafel" hat Siegfried Lenz mit seiner gleichnamigen Erzählung ein literarisches Denkmal gesetzt. Er beschreibt darin, wie er mit seiner Frau ganz arglos einer privaten Abendeinladung dänischer Nachbarn gefolgt war. Der Abend weitete sich zu einer Menüfolge verschiedenster, durchweg delikater Torten aus, die kein Ende nehmen wollte. Siegfried Lenz beschreibt diesen Abend so plastisch, dass der Leser mit jedem Bissen mitleidet. Trotzdem ernannte ihn die Dänische Konditoreninnung auf Grund der Erzählung zu ihrem „Ehrenmeister". Bis heute ist Siegfried Lenz den dänischen Back- und Kochkünsten treu geblieben, hat die Hochzeit mit seiner zweiten Frau Ulla in dem traumhaft schön gelegenen Restaurant von Pia und Christian Bind hoch über der Flensburger Förde gefeiert. Und Meisterkoch Christian Bind, der ursprünglich aus dem Elsass stammt, backt für seinen Freund Siegfried Lenz dort gern dessen Lieblingstorte, die „Brød Tarte", eine Brot-Torte nach altem Rezept.

Zubereitung

Den Ofen auf 175 °C vorheizen. Die Springform fetten und mit Mehl ausstäuben. Die Eier trennen, Eigelb und Zucker aufschlagen, dann beide Mehlsorten, Backpulver, Schwarzbrot, Haselnüsse und Malzextrakt unterrühren. Anschließend das Eiweiß steif schlagen und unterheben. Den Teig in die Springform füllen und im Ofen etwa 30 Minuten backen.

Den Kuchen abkühlen lassen und einmal horizontal durchschneiden. Die untere Hälfte mit Konfitüre bestreichen. Die Sahne steif schlagen und etwa die Hälfte davon aufstreichen. Den Deckel auflegen und die Torte mit der restlichen Sahne rundum überziehen. Nach Belieben mit frischen schwarzen Johannisbeeren (oder Kirschen), geraspelter Schokolade oder Nüssen verzieren.

Zutaten für 1 Springform (28 cm Ø)

6 Eier
225 g Zucker
40 g Mehl
40 g Kartoffelmehl
1 EL Backpulver (10 g)
200 g geriebenes Schwarzbrot
50 g gehackte Haselnüsse
1 EL Malzextrakt
4 EL Konfitüre (schwarze Johannisbeeren oder Kirschen)
500 g Sahne
Butter und Mehl für die Form

„Früher vielleicht einmal eine Resteverwertung, heute eine absolute Leckerei. Siegfried Lenz und ich ließen uns während des Interviews ein Stückchen Brottorte à la Christian Bind munden."

Heike Götz

„Plötzlich neigte sich mir mein Nachbar zu, zwinkerte und riet mir, den Teller rasch leer zu essen, da gleich die Napoleonschnitten ‚dran' wären, ein mit Vanillepudding gefülltes Labsal, schön zittrig unter glasiertem Blätterteig. Und kaum hatte der kreisende Teller ihn erreicht, als er mir auch schon zwei Stücke zuschaufelte, jedes so dick wie Tolstois ‚Krieg und Frieden'."

(Siegfried Lenz aus „Jütländische Kaffeetafeln")

Das Rezept stammt von Christian Bind aus dem „Restaurant Bind" in Sønderhav (Dänemark).

Ein Café mit einzigartiger Aussicht: Bei Sybilla Braun in Burgtiefe auf Fehmarn kehren keineswegs nur Surfer ein.

Mascarpone-Erdbeer-Torte

Sibylla Braun war als begeisterte Surferin nach Fehmarn gekommen und hatte sich seinerzeit nicht nur in die Insel verliebt. Um die ganze Saison über auf der Ostseeinsel bleiben zu können, hat sie ein Café eröffnet. Mittlerweile serviert sie die ungewöhnlichsten Torten in einem ehemaligen Bootsschuppen am äußersten Zipfel von Burgtiefe. Viele der Rezepte hat sie sich selbst ausgedacht oder weiterentwickelt.

Zubereitung

Das Müsli in Honig rösten. Die Butter in einem Topf erwärmen und das Honigmüsli dazugeben. Die Masse in eine Springform füllen und gleichmäßig darin verteilen. 125 ml Wasser mit Espressopulver verrühren. Die Madeleines in den Kaffee tunken und auf dem Müsliboden verteilen.

500 g Sahne mit Sahnesteif und Vanillezucker steif schlagen, mit Hilfe eines Spritzbeutels als Ring an den Rand der Springform auf die Madelaines setzen. So kann später die dazugegebene Masse nicht auslaufen. Etwas Sahne für die Deko beiseitestellen.

Übrige Sahne, Mascarpone, Zucker und den restlichen Kaffee verrühren. Erdbeeren waschen und trockentupfen, 5–6 Erdbeeren für die Deko beiseitelegen. Restliche Erdbeeren in Scheiben schneiden und auf dem Boden verteilen, Gelatine in kaltem Wasser einweichen. Dann gut ausdrücken, nach und nach in das heiße Wasser geben und umrühren. Die Gelatine zur Sahne-Mascarpone-Masse geben und gut unterrühren. Die Creme vorsichtig mittig in die Springform verteilen, glatt streichen und einige Stunden in den Kühlschrank stellen.

Die Torte mit Kakaopulver bestreuen und mit Sahnetupfern verzieren. Die beiseitegelegten Erdbeeren halbieren und gleichmäßig auf der Torte verteilen.

Zutaten für 1 Springform (28 cm Ø)

300 g geröstetes Müsli (selbst gemacht aus Leinsamen, Sonnenblumenkernen, Sesam, Haferflocken, Pinienkernen, Rosinen, Cornflakes, 2 Eiswaffeln)

3–4 EL Honig

250 g Butter

4 TL Espresso- oder Kaffeepulver

260 g Madeleines (franz. Sandgebäck, ca. 23 Stück)

1 l Sahne

2 Päckchen Sahnesteif

1 Päckchen Vanillezucker

750 g Mascarpone

100 g Zucker

250 g frische Erdbeeren

4 Blatt Gelatine

100 ml heißes Wasser

dunkles Kakaopulver

„Was für eine Aussicht! Bei Torte und Kaffee kann man in Sybillas ‚Café Sorgenlos‘ die Zeit vergessen. Der Name ist hier Programm!“
Heike Götz

Das Rezept stammt von Sibylla Braun im „Café Sorgenlos“ aus Burgtiefe auf Fehmarn.

Mascarpone-Erdbeer-Torte.

Das waren noch Zeiten, als die Milch in Kannen gefüllt wurde.

Stachelbeer-Quarkkuchen
vom Blech

Hanny Beneken braucht nur aus der Küchentür zu treten und schon steht sie zwischen ihren Stachelbeersträuchern. Sie genießt die wenigen ruhigen Stunden auf ihrem Anwesen. Der ehemalige Bauernhof hat seinen typisch friesischen Charakter bewahrt. Und wie es in früheren Zeiten bereits üblich war, gibt es auch immer Kuchen passend zur Saison. Die Stachelbeertorte von Hanny ist legendär an der Küste des Wangerlandes.

Zubereitung

Die Stachelbeeren waschen und abtropfen lassen. Den Backofen auf 150 °C vorheizen. Das Blech fetten und mit Mehl bestäuben.

Alle weiteren Zutaten bis auf den Quark in einer Schüssel mit dem Handrührgerät etwa 3 Minuten rühren. Den Quark unterheben, dann die Stachelbeeren mit einrühren. Den Teig auf dem Blech verteilen und den Kuchen im Ofen etwa 50 Minuten backen.

„Stachelbeeren – so ein herrlich altmodisches Obst. Die Kombination aus süß und sauer im Kuchen ist perfekt."
Heike Götz

Zutaten
für 1 Blech

1 kg Stachelbeeren (ersatzweise TK)
250 g Butter
400 g Zucker
100–120 g Grieß
Saft von 1 Zitrone
100 g Vanillepuddingpulver
2 Päckchen Vanillezucker
8 Eier
2 Päckchen Backpulver
2 kg Quark
Butter und Mehl fürs Blech

TIPP

Das Rezept ist für ein Backblech gedacht, für eine Springform nur die Hälfte rechnen.

Das Rezept stammt von Hanny Beneken aus „Hannys Radlercafé" in Wangerland-Horum.

Himbeertraum

Joghurttorte mit Himbeeren

Mit dem Fahrrad nach Idensen fährt man rund ums Steinhuder Meer. Zur Kaffeezeit füllt sich der gemütliche Hof von Catrin Hattendorf. Im Café duftet es nach frischem Kuchen. Der einstige Bauernhof gehört heute zu den beliebtesten Ausflugszielen in der Region. Im Ostgarten hinter dem Haus ist ein Spielplatz für die Kleinen, während Mama und Papa genussvoll den Kuchen verspeisen.

Zubereitung

Den Ofen auf 175 °C vorheizen. Die Springform fetten und mit Mehl ausstäuben. Für den Biskuit Eier und Zucker gut aufschlagen, Mehl und Backpulver vermischen und unter die Eimasse rühren. Die Masse in die Springform geben und den Boden im Ofen etwa 35 Minuten backen. Herausnehmen und abkühlen lassen.

Für die Füllung Joghurt, Zucker, Vanillezucker und Zitronensaft verrühren. Die Gelatine nach Packungsanweisung einweichen. Die Sahne steif schlagen. Die aufgelöste Gelatine in die Joghurtmasse rühren. Die Schlagsahne vorsichtig unter die Joghurtmasse heben.

Vom abgekühlten Biskuitboden das obere Drittel horizontal abschneiden. Die untere dicke Biskuitschicht auf eine Tortenplatte legen und einen Tortenring außen herumsetzen. Die Joghurtmasse auf dem Boden gleichmäßig verteilen und die zweite Biskuitschicht daraufsetzen. Die Torte 2–3 Stunden in den Kühlschrank stellen.

Den Tortenguss mit 500 ml Flüssigkeit und Zucker herstellen. Die Himbeeren oben auf dem Biskuitboden verteilen und den Tortenguss gleichmäßig über die Früchte gießen. Anschließend nochmals kurz kühl stellen … und fertig ist der Himbeertraum!

Zutaten für 1 Springform (28 cm Ø)

Für den Boden

3 Eier
125 g Zucker
125 g Mehl
1 TL Backpulver
Butter und Mehl für die Form

Für die Füllung

500 g Joghurt
200 g Zucker
1 EL Vanillezucker
Saft von 1 Zitrone
8 Blatt Gelatine
500 g Sahne

Für den Belag

2 Päckchen roter Tortenguss (für 500 ml Flüssigkeit)
2 EL Zucker
ca. 500 g frische Himbeeren

Das Rezept stammt von Catrin Hattendorf aus der „Kaffeestube Idensen“ in Wunstorf.

Rosen-Himbeer-Torte
mit Marzipan

Traumhaft – die Gärtentouren durch Norddeutschland. Landfrauen öffnen ihre Gärten, ihre Parks, Burgen und Schlösser. Vom Bauerngarten über den Obst- und Gemüsegarten bis hin zum Barockpark – alles ist im hohen Norden zu finden. Viele Besucher kehren mit Anregungen, Ideen und besonderen Pflanzen nach Hause zurück.

Zubereitung

Den Ofen auf 180 °C vorheizen. Die Springform fetten und mit Mehl ausstäuben. Die Eier trennen und das Eigelb mit 6 EL Wasser und dem Zucker schaumig schlagen. Beide Mehlsorten und Backpulver mischen und vorsichtig unterheben. Das Eiweiß mit 1 Prise Salz steif schlagen und zum Schluss langsam unter dem Teig heben. Den Teig in die Springform füllen und den Kuchen im Ofen etwa 40 Minuten backen, abkühlen lassen.

Den Kuchen zweimal horizontal durchschneiden und jeweils mit Rosengelee bestreichen. Das Marzipan zu zwei Kreisen von 28 cm Ø ausrollen und auf zwei Böden legen. Die Sahne schlagen, mit Honig süßen und mit den Himbeeren auf die zwei Böden füllen, einen Tortenring außenherum setzen. Zuletzt den obersten Boden auflegen.

Für den Spiegel Rosenblütenwasser mit Zucker mischen und mit Tortengusspulver andicken. Auf den Kuchen geben, abkühlen lassen und die Torte in Stückchen einteilen. Mit Sahnetupfern, Himbeeren und Rosenblütenblättern nach Belieben garnieren.

Zutaten für 1 Springform (28 cm Ø)

Für den Boden

6 große Eier
200 g Rohrohrzucker oder Akazienhonig
150 g Weizenvollkornmehl
150 g Dinkelvollkornmehl
1 TL Backpulver
Salz
Butter und Mehl für die Form

Für die Füllung

250 g Rosengelee
200 g Marzipanrohmasse
500 g Sahne
etwas Akazienhonig
300–400 g Himbeeren (frisch oder TK)
250 ml Rosenblütenwasser
2 EL Rohrohrzucker
1 Päckchen Tortenguss klar (oder Rosengelee)
geschlagene Sahne, Himbeeren und Rosenblütenblätter zum Dekorieren

Das Rezept kommt aus dem „Rosarium“ in Wilhelmshaven.

Bad Doberaner Klosterkuchen

Ölkuchen / Fastenkuchen

Zubereitung

Den Ofen auf 175 °C vorheizen. Die Tarteformen fetten und mit Mehl bestäuben. Die Schokolade mit einer Handreibe raspeln.

Die Eier und den Zucker in einer Rührschüssel mit dem Handrührgerät sehr schaumig schlagen. Das Rapsöl nach und nach dazugeben und unterschlagen. Das Mehl, das Soda, das Kakaopulver und die Klostergewürze in einer weiteren Schüssel mischen und auf die Eimasse sieben. Die gemahlenen Haselnüsse und die geriebene Schokolade ebenfalls daraufstreuen und alles mit einem Teigschaber vorsichtig unterheben.

Den Teig in die vorbereiteten Tarteformen verteilen und die Kuchen im Ofen etwa 15 Minuten backen. Anschließend herausnehmen und abkühlen lassen.

Zutaten für 4 Tarteformen (21 cm Ø)

200 g dunkle Schokolade
12 Eier
300 g brauner Rohrohrzucker
200 g kalt gepresstes Rapsöl
250 g Mehl
15 g Soda (Kaisernatron)
1 EL dunkles Kakaopulver
1 TL Klostergewürze (z. B. Anis, Fenchel und Nelke)
400 g gemahlene Haselnüsse
Fett und Mehl für die Formen

TIPP

Aufgrund des hohen Vitamin-E-Gehalts (natürliche Antioxidantien!) von kalt gepresstem Rapsöl ist der Kuchen etwa 2 Wochen ohne Kühlung haltbar.

Das Rezept stammt von Tillmann Hahn aus dem Restaurant „Torhaus" im Kloster Bad Doberan.

Sanddorn-Käsesahne-Torte

mit zweierlei Füllung

Am Leuchtturm Buk bei Kühlungsborn haben sich Frank und Anka Valentin den Traum vom eigenen Café direkt an der Ostsee verwirklicht. Frank Valentin kommt ursprünglich aus Berlin und hat seit der Wende in zahlreichen Berufen gearbeitet, nebenbei sein Diplom als Betriebswirt gemacht und fast zehn Jahre lang ein renommiertes Konditoreiunternehmen mit geleitet. Seit kurzem wirtschaften die Valentins ganz auf eigene Rechnung und betreiben mit inzwischen zehn Mitarbeitern ein stilvolles Café mit einem traumhaften Blick über die Ostsee. Am beliebtesten ist die Sanddorn-Käsesahne-Torte, die nicht nur lecker aussieht, sondern tatsächlich regionaltypisch und sehr gesund ist.

Denn Sanddorn wächst entlang der gesamten Ostseeküste selbst in kargem Dünenboden. Die orangefarbenen Früchte, die im Spätherbst geerntet werden können, gelten als die „Zitronen des Nordens", da sie unglaublich viel Vitamin C enthalten. Allerdings lassen sie sich kaum von den dornigen Zweigen lösen, wurden früher vor Ort noch am Zweig „gemolken". Es war dann in den sechziger Jahren ein junger Gärtner, der als Wehrdienstleistender der Volksarmee an der Küste Wache halten sollte und sich über die auffallenden Früchte Gedanken machte. Angesichts des chronischen Südfrüchtemangels der DDR konnte er seine Vorstellungen von einer gezielten Zucht dieser Pflanzen verwirklichen. Aus den ersten gärtnerischen Anbauversuchen entwickelte sich bei Ludwigslust dann die erste Sanddornplantage in Norddeutschland. Heute firmiert diese Plantage als „Sanddorn Storchennest GmbH" und ist als Bio-Betrieb zertifiziert. Und Sanddornprodukte wie Saft, Bonbons, Likör, Müslizutat gibt es fast überall an der mecklenburgischen Ostseeküste zu kaufen.

„Sanddorn ist so typisch norddeutsch. Ich brauchte meine Zeit, um mich mit den Jahren an den etwas herben, ganz eigenen Geschmack zu gewöhnen. Heute liebe ich Sanddorn – am besten pur als Saft oder mit wenig Zucker als Marmelade oder eben auf so einer leckeren Torte."
Heike Götz

Zubereitung

Ofen auf 200 °C vorheizen. Springform fetten und mit Mehl ausstäuben. Eier, Zucker, 1 Prise Salz und Vanillezucker aufschlagen. Mehl, Weizenpuder und Kakao sieben und unterheben. Zuletzt die Butter unter den Teig ziehen, in die Springform füllen und den Boden im Ofen etwa 15 Minuten backen. Abkühlen lassen und einmal horizontal durchschneiden. Den unteren Boden in die Springform bzw. einen Tortenring legen.

Für Füllung 1 die Gelatine in kaltem Wasser einweichen. Die Sahne cremig schlagen. Das Eiweiß mit etwa der Hälfte des Zuckers cremig schlagen. Magerquark, restlichen Zucker und Zitronensaft auf Zimmertemperatur erwärmen. Gelatine ausdrücken, vorsichtig in der Mikrowelle auflösen und unter die angewärmte Quarkmasse geben. Dann erst das Eiweiß, dann die Sahne unter die Masse ziehen. Die Masse auf dem unteren Boden verteilen und den zweiten Boden darauflegen.

Für Füllung 2 die Gelatine in kaltem Wasser einweichen. Die Sahne cremig schlagen. Das Eiweiß mit 35 g Zucker cremig schlagen. 100 g Zucker unter den Sanddornsaft mischen, ggf. auf Zimmertemperatur erwärmen. Gelatine ausdrücken, vorsichtig in der Mikrowelle auflösen und unter den Sanddornsaft rühren. Erst das Eiweiß, dann die Sahne unter die Sanddornmasse ziehen. Die Masse auf dem zweiten Boden verteilen und glatt streichen. Die Torte etwa 2 Stunden kühl stellen.

Für den Belag das Tortengusspulver und den Zucker mischen, in den gekühlten Multivitaminsaft rühren und alles erwärmen, nicht erhitzen. Tortenguss auf die obere Schicht verteilen. Ring abziehen und Torte nach Belieben mit Physalis und Schokostreuseln garnieren.

Zutaten für 1 Springform (28 cm Ø)

Für den Boden

5 Eier
150 g Zucker
Salz
1 Päckchen Vanillezucker
80 g Mehl
100 g Weizenpuder (Weizenstärke)
2 EL dunkles Kakaopulver
60 g flüssige Butter
Butter und Mehl für die Form

Für Füllung 1

8 g Blattgelatine
100 g Sahne
1 Eiweiß
80 g Zucker
400 g Magerquark
8 g Zitronensaft

Für Füllung 2

9 g Blattgelatine
230 g Sahne
2 Eiweiß
135 g Zucker
200 g Sanddornsaft (100 %)

Für den Belag

1 Päckchen weißer Tortenguss
1 EL Zucker
250 g gekühlter Multivitaminsaft

Das Rezept stammt von Frank Valentin aus dem „Café Valentin" in Bastorf.

Sanddorn-Käsesahne-Torte mit zweierlei Füllung.

Urgemütlich ist es in Ralf Reschkes rustikaler „Pferdetränke“ in Krummin auf Usedom.

Pflaumenkuchen vom Blech
mit Zimtstreuseln

Auf Usedom hat sich in dem idyllisch gelegenen Dörfchen Krummin Ralf Reschke seinen Traum eines Cafés samt Backstube verwirklicht. Ursprünglich und lecker soll es bei ihm sein und so hat er sich die alten Kuchenrezepte seiner Mutter vorgenommen, nach denen er die jahreszeitlich passenden Kuchen backt und anbietet. Da selbst auf Usedom viele der alten Obstbäume aus den unterschiedlichsten Gründen nicht mehr geerntet werden, hat er genügend Nachschub an frischen Früchten.

Zubereitung

Den Ofen auf 200 °C vorheizen. Das Blech fetten und mit Mehl bestäuben. Die Zutaten für den Boden gut verrühren, dann auf dem gefetteten Blech verteilen. Die Zutaten für die Quarkmasse ebenfalls gut verrühren und auf dem Teig verteilen.

Die Pflaumen waschen, halbieren, entsteinen und jede Hälfte nochmals teilen. Den Teig dachziegelartig mit den Pflaumen belegen. Die Zutaten für die Streusel mit den Knethaken des Handrührgeräts verkneten, anschließend die Streusel auf den Pflaumen verteilen.

Den Pflaumenkuchen im Ofen etwa 45 Minuten backen.

Zutaten für 1 Blech

1,5 kg Pflaumen (je nach Größe)

Für den Boden

200 g Margarine
175 g Zucker
2 Päckchen Vanillezucker
4 Eier
125 g Schmand
1,5 Päckchen Backpulver
375 g Mehl
Butter und Mehl fürs Blech

Für die Füllung

500 g Magerquark
200 g Crème fraîche
150 g Zucker
2 Päckchen Vanillepuddingpulver

Für die Streusel

300 g Mehl
150 g Zucker
175 g Butter
2 TL Zimt
1 EL Öl

„Pflaumenkuchen im Spätsommer – ganz frisch aus dem Ofen und im Garten gegessen. Das sind Ferien!“
Heike Götz

Das Rezept stammt von Ralf Reschke aus dem Restaurant „Zur Pferdetränke“ in Krummin.

Das Rezept stammt von Myriam Freifrau von Korff von Schloss Harkotten in Sassenberg-Füchtorf.

Harkottener Wappenkuchen
Rührkuchen mit Äpfeln und Mandeln

Münster und das Münsterland – ein „Tatort" voller Charme und westfälischer Ruhe. Man versteht zu leben und der Wohlstand der Region ist allerorts zu finden. Der Adel und die westfälischen Großbauern haben sich stattliche Anwesen gebaut, Parks und Gärten erschaffen, die sich zauberhaft in die Landschaft schmiegen. Das Fahrrad ist wohl das beliebteste Fortbewegungsmittel.

Zubereitung

Den Ofen auf 180 °C vorheizen. Die Springform fetten und mit Mehl bestäuben. Margarine, Salz und etwas Zitronensaft mit dem Zucker schaumig rühren. Nach und nach die Eier dazugeben. Zum Schluss das Mehl mit Backpulver mischen und vorsichtig unter den Teig heben.

Die Rührmasse in die Springform füllen und glatt streichen. Mit einem Teelöffel das Quittengelee klecksartig auf die Rührmasse verteilen. Die Äpfel schälen, vom Kerngehäuse trennen, zu mittelgroßen Streifen schneiden und auf den Kuchen legen.

Die Butter schmelzen, mit Hagelzucker und gehobelten Mandeln verrühren und mit einem Löffel auf den Kuchen verteilen. Den Kuchen im Ofen 35–45 Minuten backen.

**Zutaten
für 1 Springform
(30 cm Ø)**

250 g Margarine
1 Prise Salz
etwas Zitronensaft
250 g Zucker
2 Eier
250 g Mehl
½ Päckchen Backpulver
150 g Quittengelee
2 mittelgroße Äpfel
75 g Butter
75 g Hagelzucker
75 g gehobelte Mandeln
Fett und Mehl für die Form

Quedlinburger Pfarrhaustorte

Quedlinburg ist eine der schönsten Perlen des Harzes. Die mittelalterliche Stadt ist voller Charme und Lebensfreude. Man spürt förmlich, dass die Einwohner Lust haben ihren Gästen das Besondere zu bieten. Gleich neben dem Marktplatz mit dem historischen Rathaus liegt das „7 Häuser Café". Und tatsächlich, über sieben Häuser ziehen sich die Räumlichkeiten – und jede ist anders. Mit viel Geschmack und der Liebe zum Detail wurde die Einrichtung gestaltet. Zu den sieben Häusern gehört auch ein ehemaliges Pfarrhaus. Da ist es nur logisch, dass auch eine Pfarrhaustorte entstand.

Zubereitung

Zutaten für 1 Springform (26 cm Ø)

Für den Boden

8 Eier
Salz
260 g Zucker
200 g Halbbitter-Kuvertüre (55 %)
200 g weiche Butter
50 g Puderzucker
50 g gehackte Walnüsse
200 g Mehl

Die Eier trennen, Eiweiß mit 1 Prise Salz halbsteif schlagen, dabei den Zucker nach und nach einrieseln lassen. Die Kuvertüre fein hacken, im heißen Wasserbad langsam schmelzen. Herausnehmen und etwas abkühlen lassen.

Butter und Puderzucker schaumig rühren. Eigelb und Kuvertüre unterrühren und anschließend ein Drittel des Eischnees mit den gehackten Walnüssen untermischen. Restlichen Eischnee ebenfalls unterheben. Das Mehl nach und nach darüber sieben und unterheben.

Den Ofen auf 170 °C vorheizen. Den Boden einer Springform mit Backpapier auslegen. Die Masse hineinfüllen und im Ofen etwa 1 Stunde backen. Abkühlen lassen.

„Eine gemütliche Kaffeestunde im sehr gemütlichen und originellen ‚7-Häuser-Café'."
Heike Götz

__Für Überzug und Füllung__

200 g Halbbitter-Kuvertüre (55 %)
220 g Sahne
40 g Butter
110 g Zucker
50 g Crème double
30 g Puderzucker
6 cl brauner kubanischer Rum
250 g Pflaumenmus
100 g gehackte Walnüsse

Für den Überzug die Kuvertüre fein hacken. Die Sahne aufkochen, die Butter einrühren und die Hitze reduzieren. Die Kuvertüre hinzufügen und unter Rühren in der Sahne auflösen. 90 ml Wasser mit dem Zucker aufkochen, von der Kochstelle nehmen und die Crème double einrühren. Die Zuckermischung mit der Kuvertüre-Sahne-Mischung verrühren.

Den Puderzucker mit dem Rum und 20 ml Wasser aufkochen. Den abgekühlten Tortenboden im unteren und oberen Drittel je einmal horizontal durchschneiden. Den unteren Teil mit dem Rum-Zucker-Gemisch tränken und mit 125 g Pflaumenmus und 50 g gehackten Walnüssen bestreichen, den mittleren Teil daraufsetzen. Den oberen Teil mit 125 g Pflaumenmus bestreichen und den Tortendeckel daraufsetzen.

Den Schokoladenüberzug mit den übrigen gehackten Walnüssen vermengen und mit einer Suppenkelle gleichmäßig über die Torte gießen, anschließend im Kühlschrank fest werden lassen.

Das Rezept stammt aus dem „7 Häuser Café" in Quedlinburg.

Pharisäer-Torte

Als ihm vor fast 20 Jahren die Backstube als Bühne nicht mehr ausreichte, übernahm der Konditor Arthur Kreutzfeld mit seiner Frau auf Nordstrand die 120 Jahre alte „Engel-Mühle" und machte sie zu einem beliebten Ausflugs-Café. Der begeisterte Hobby-Magier ist von Natur aus ein Entertainer, der Geschichten erzählt, aufschreibt und im Hauptberuf auch noch leckere Torten, wie die „Pharisäer-Torte" und Kuchen backen kann.

Der Name rührt vom berühmten „Pharisäer" her, einem alkoholhaltigen Kaffeegetränk, das an Schleswig-Holsteins Westküste in keinem Café auf der Speisekarte fehlt. Während der Name der „Toten Tante", ebenfalls ein typisches Regionalgetränk (heiße Schokolade mit Rum und Sahnehaube obenauf), sich noch einfach erklären lässt, braucht man für den „Pharisäer" etwas mehr Phantasie oder auch Wissen um Heimatkunde.

Denn im 19. Jahrhundert gab es, besonders in der evangelischen Kirche, starke Bestrebungen, den Alkoholkonsum zu verdammen. Damals wurde ein junger Pastor auf die Insel Nordstrand versetzt. Bei einer Kindstaufe reichte die Hausfrau dann konsequent beim „gemütlichen Teil" allen Gästen nur Kaffee mit Kuchen und Sahne. Damit auch nach seiner Verabschiedung kein Alkohol auf den Tisch kommt, blieb der Pastor, entgegen der Gewohnheit, einfach noch bei der Gesellschaft. Man könne sich ja schließlich auch ohne Alkohol nett unterhalten. Was er nicht ahnte, der Kaffee war längst mit Rum ergänzt und damit der Duft nicht auffiel, hatte die Hausfrau auf jede Tasse eine Portion Sahne gegeben. Als es dann allerdings zu einer fatalen Verwechselung kam und der Pastor eine Kaffeetasse mit Rum erhielt, sprang er empört auf und rief: „Ihr Pharisäer!". Seitdem gilt der „Pharisäer" als Nordstrander Nationalgetränk und ist längst weit darüber hinaus bekannt und beliebt. Zugleich ist er Inspiration für die Pharisäer-Torte.

Zubereitung

Für den Mürbeteig die Butter, den Zucker und das Salz mit den Händen verkneten. Eigelb und Mehl dazugeben und alles rasch zusammenwirken. In Folie wickeln und mindestens 30 Minuten kühl stellen. Den Ofen auf 170 °C vorheizen. Nur den Boden einer gefetteten Springform mit dem Teig auskleiden und diesen im Ofen in 15 – 20 Minuten hellbraun backen.

Die Sahne aufschlagen. Das Kaffeepulver im Rum auflösen, den Zucker dazugeben und alles unter die geschlagene Sahne rühren. Den Mürbeteigboden mit Konfitüre bestreichen. Einen dunklen Tortenboden auflegen und etwa ein Drittel der Sahne darauf verteilen. Dann den hellen Boden auflegen und ein weiteres Drittel Sahne aufstreichen. Den zweiten dunklen Boden auflegen und die Torte mit Sahne rundum überziehen.

Die Torte in 14 Stücke einteilen, nach Belieben eine Rosette auf jedes Stück setzen und eine eingeteilte dünne, mit Schoko bestrichene Marzipandecke auflegen und mit Schokostreuseln bestreuen.

Zutaten für 1 Springform (28 cm Ø)

Für den Mürbeteigboden

65 g Butter

2 EL Zucker

1 Prise Salz

1 Eigelb

125 g Mehl

Butter für die Form

Außerdem

1,2 l Sahne

20 g löslicher Kaffee

6 cl Rum

1 – 2 EL Zucker

200 g Johannisbeerkonfitüre

2 dunkle Tortenböden (Fertigprodukt)

1 heller Tortenboden (Fertigprodukt)

Schokostreusel

Das Rezept stammt von Familie Kreutzfeld aus dem Restaurant „Engel-Mühle“ in Nordstrand.

Rezeptregister nach Kapiteln

Rezeptregister alphabetisch

Edel:Books
Ein Verlag der Edel Germany GmbH

Neumühlen 17, 22763 Hamburg
www.edel.com
1. Auflage 2013

Lizenziert durch Studio Hamburg Distribution und Marketing GmbH

Quellennachweis: Das Zitat von Siegfried Lenz (Buch Seite 181)
stammt aus „Jütländische Kaffeetafeln" von Siegfried Lenz,
erschienen 2008 im Hoffmann und Campe Verlag, Hamburg.

Projektkoordination: Constanze Gölz
Producing: Konzept Network, München
Lektorat: Gudrun Ruoff, Kathrin Gritschneder
Umschlagfotografien vorne: Ingo Wandmacher (Heike Götz); Karl Newedel (Food)
Umschlagfotografie hinten: Ingo Wandmacher
Foodfotografien: Fotodesign Karl Newedel, München
Foodstyling: Karl Newedel, Josef Weh, Christian Arsan
Fotografien der Seiten: 20, 26/27, 32, 38/39, 40, 47 (oben und unten), 54, 58, 59, 62, 68/69, 72, 73, 76, 84, 118, 130, 136, 137, 142, 144, 146, 164/165,172/173, 174, 176, 179, 181, 182, 198, 205 – Ulrich Koglin
Fotografien der Seiten: 6, 8/9, 10, 12/13, 26/27, 47 (Mitte), 52/53, 78/79, 80, 86, 88, 98/99, 106, 120/121, 122, 126, 140/141, 186, 190, 192, 201, 203 – Achim Tacke
Fotografie der Seite: 113 – ©fotolia
Layout und Satz: staba design, München, Michael Knufinke und Anita Cosic
Lithografie: Frische Grafik, Hamburg
Umschlaggestaltung: Groothuis. Gesellschaft der Ideen und Passionen mbH, www.groothuis.de
Druck und Bindung: optimal media GmbH, Glienholzweg 7, 17207 Röbel/Müritz

Printed in Germany

ISBN 978-3-8419-0211-5

Herbaria
Muskatnüsse
aus Sulawesi
LØV
gourmondo.de